紫微看人術

看人過招300回

法雲居士著

金星出版

序

『看人過招三百回』是我繼『紫微面相學』一書後，再以紫微命理的方式綜合人類的外型氣質、內在氣質共同顯現的數據，來探討其內心思想架構、心性的走向、做事時會應用的手法，激動時會採取的行動，做為一個相人術的基本法則。繼而再將如何與此人周旋的最佳心理戰術做一個最好的建議。

紫微命理在目前來說，是一個最簡單、易學、準確率高的命理型式。舉凡所有的人其形像、面貌、身高、特徵、思想的模式、內心的善惡、愛憎的多寡、貪念的進出、賢孝癡愚、前程的遠近、命理的起伏、運程的高低、大小限的吉凶、職業的貴賤、學習能力與行動力的強勢和活躍度、性格的快慢緩急、遇事時的處理方式，與父母、配偶、子女、朋友、上司、部屬之間相處的關係，以及父母、配偶、子女的長相、氣質、性格、職業等問題，及所遇到之朋友、上司、部屬之好壞。一生中錢財富裕的程度、用錢的方式、積存錢財的多寡、財運起伏的形式。凡人生中所經歷的大小過程，實在已包括完全、事事俱備了。因此紫微命理相人術實在是一個最好用、最直接的人生記錄器，你只要瞄一眼這個人的長相，便可利用紫微看人術的法則，解讀此人的一生成敗，運勢起伏，並且可以立即找到與此人對應，與相互形成情緒協調共鳴的最佳模式，而達成人際關係和諧的最終目的。

『紫微看人術——看人過招三百回』，是為所有的朋友所寫的。身為老闆、公司主管、領導層次的朋友，可以和部屬、下級有和諧的關係，促進團隊精神。業務工作的朋友，可以藉此廣泛開拓人際關係和市場行銷。做老師的朋友，可以增進學生的學習能力及自己本身的親和力，而使教學相長。為人父母、配偶、子女的人，可以增進家庭和諧溫馨的凝聚力，鼓勵親人，同樣也鼓勵了自己。

『紫微看人術——看人過招三百回』，同時也是對於想要在錢財上多得財富，一爭長短的人，具有最佳提供智謀的方法。『財富』是因人而起的，要有好的人際關係，才會有極大的財富。『看人過招三百回』就是傳授『致富』的秘訣給你。

若是想升官的人，那更不能不利用『看人過招三百回』中的相人術了，

紫微看人術

看人過招300回

·序·

準確的掌握具有權勢主管的性格，拿捏住進退的方法，成事在我，出擊成功，不是難事。

古今以來，多少君主良相都有自己一套的相人術。這也是帝王之學中的一種。曾國藩有自己的相人術——冰鑑一書。老總統蔣中正先生在選擇將官時，必先面相一番。這就是知人善任、去蕪存菁的在整理自己的人際關係。這也是鞏固自己『致富增貴』最好的條件。

在人生短短的數十年中，很少人會向你出示『富貴榮華』的密笈招數，完全要靠每一個人利用數十年的摸索前進。有少數的人智慧與環境優良，及早達到了人人欽羨的目的地。而大多數的人依然懵懂，不知別人是利用何種方式成功的？

紫微看人術——看人過招三百回，就是幫助你衝向成功頂峰，必須好好學習的事業成功法。在此與讀者共勉之。

法雲居士　山居謹識

命理生活叢書19

紫微看人術
看人過招300回

紫微看相人術

看人過招300回

·目錄·

·目 錄·

看人過招300回

『看人過招300回』這個單元是以招式問答的方式綜合人類面相、氣質、神形光彩、內在精神與外在形象的總結方式，來展現每一個不同人類的個體。同時也針對其特殊的性格與行為、處事的方針做了有效的應對策略。如何能經過由外型長相而透視對方性格上的優缺點，而達到瞭解、掌控一個人的情緒與思想，從而說服他、引導他，成為自己共同戰線上的伙伴，並且為己所用。業務及銷售人員，可以藉此利器說服顧客，增加銷售能力。老師可以此馴服學生。老闆可以此透視員工，善加管理。人與人之間也可憑此招式在人際關係上所向無敵。更提供你一些小技巧在交友的方式上，可以打通關。

怎樣與紫微坐命的人過招

第1招 怎樣從外型特徵找出紫微坐命的人？

接招應答： 個子矮，在一六五公分左右以下，臉型長方圓，穩重不輕浮，一付忠厚老實相，舉止氣派，五官端正整齊，面色土黃較黑，第一印象很得人敬重，有好感。舉手投足之間緩慢，常似若有所思的表情。

第2招 紫微坐命的人有那些特殊性格？

接招應答： 紫微坐命的人，表面看起來忠厚老實，實則是性情善變、剛柔不濟之人。主要是因為幼年家中關係複雜，與父母和同父異母之兄弟皆不和之故。

性格優點：外表忠厚、穩重、固執、心事埋藏心底、不會隨便告訴別人，重視實際利益，小心謹慎，不會冒險。喜歡在名利上爭長短。運氣一直很好，很會策劃、計謀多。財利、名位可按步就班的手到擒來。

性格缺點：心地較狹窄、耳軟心活、常聽信別人的讒言而改變心意。容易善變。

第3招 紫微坐命的人其內心思想模式為何？

接招應答：紫微坐命的人，常對別人有懷疑之心，總是擔心別人會來騙自己。在初次見面時，其態度並不會很友善。他希望別人能主動的證明自己是忠厚賢良之人，而且是對自己盡忠的好人，而再進一步的與其深談或深交。紫微坐命的人注重實質利益，因此也比較現實和勢利。凡事喜歡經過長時間緩慢的思考才行動。

第4招　紫微坐命的人，其人生的價值觀為何？

接招應答：紫微坐命的人，通常是以名聲、地位為其價值觀與追求方向的。身宮落在財帛宮的人，比較重視金錢財富。身宮落在事業宮的人急於創造事業。命宮中有紫微化權的人，喜歡掌權，性格頑固、霸道。其價值觀是以權利、地位為重的人。

第5招　紫微坐命的人所能接受反對意見的寬容度為何？

接招應答：紫微坐命的人是外表溫和、內心固執得很的人，常常固執己見，好像沒有轉圜的餘地。但是他們喜歡聽讒言小話，耳根子很軟，遇事又喜歡前想後想，捉摸不定。實際上是個很難拿主意的人。因此他們須要花很多的時間思考，性子慢是很有名的了。最後他也可能根本不做決定了。但是在決定事件的中途，他是很愛掌權的人。

第6招 紫微坐命的人脾氣好壞及易爆點為何？

接招應答：紫微單星坐命的人，表面上看起來溫和有教養，只是固執在心裡。凡事喜歡講理，並不會隨便發脾氣。紫微、擎羊坐命，或是紫微、火星坐命的人，脾氣較急躁，喜歡速戰速決。在遇到衝突時較沈不住氣，容易衝動。只要不用激烈的言語去激他，大致上他們還是很講究儀態，不會動粗的。

第7招 怎樣說服紫微坐命的人？

接招應答：紫微坐命的人很喜歡講理，而且高高在上、有霸道、固執的自傲心態，通常他們都是自認是明理而且具有高度知識的高格調品行的人類。你只要瞭解他們的這種心態，多表示尊重他的意見，並希望他能聽聽你的意見，一切以『理』字為重，耐心闡述，多講一些柔性的語言，耳軟心活的他，一定能被你說服的。

怎樣與紫府坐命的人過招

第8招

怎樣從外型特徵找出紫府坐命的人？

接招應答：身高中等、臉型長方圓、膚色較白，忠厚、氣派、可愛。五官端正，很讓人有好感。紫府坐命的人重視物質生活，因此喜歡名牌服飾和用品。因此周身都是時髦高級的裝扮。為人小心謹慎、善於計算，對金錢敏感。舉手投足之間很精明。

第9招

紫府坐命的人有那些特殊性格？

接招應答：紫府坐命的人，外表看起來是忠厚、正派的人。對於金錢很敏感謹慎，不太會借錢給別人。自己非常熱愛物質生活，一切用品都要求是最好的。但是對別人比較吝嗇。紫府坐命的人不是幼年身體不佳，就是幼年家庭中有變故，因此會形成自傲孤獨，以物質享受為精神寄託。

性格優點：行事正派、一板一眼、言語穩重、很會理財、重視打扮和名譽、信諾、自許出自上等社會。凡事精打細算，十分精明，是主富的人才。

性格缺點：固執而吝嗇，對錢財太過謹慎，只顧照顧自家人，太重視自身的享受。

第10招 紫府坐命的人其內心思想模式為何？

接招應答：紫府坐命的人，凡事大致都光明磊落，重言諾信守。行事中規中矩。敢說敢做、言行一致。遇事時會很用心的思考過再決定，其速度比紫微坐命人的慢性子要快很多。紫府坐命的人比較愛賺錢，注重自身的利益，而且會很快速的把利益給數字化評估出來。

紫府坐命的人，有一些是公教人員，一些是經商的生意人，他們在思想上的共通點就是對不勞而獲的事情嗤之以鼻，而願意一板一眼的賺取財富。

第11招

紫府坐命的人，其人生的價值觀為何？

接招應答：紫府坐命的人，是帝王星與財庫星同坐命宮的人，其人的價值觀主要以財富為主。身宮落在財帛宮的人，尤其愛賺錢。身宮落在事業宮的人，則以事業為重，最終還是以事業賺取財富，再以財富計價，價值觀還是在一個『錢』字上。

命宮裡有紫微化權的人，是很有控制能力及慾望的人，能掌權，又能掌控錢財，並且特別愛錢與權利。一生所追求的目標也是如此。

第12招 紫府坐命的人所能接受反對意見的寬容度為何？

接招應答：紫府坐命的人重視講求公平合理。凡事喜歡清清楚楚、錙銖必較、痛恨別人的欺騙行為，甚至連善意的謊言也不接受，是個極為理性的人，若能正面與之探討問題的重心，紫府坐命的人因重視實利，對反對意見的寬容度很大。若是以欺騙搪塞的方式應付他，則會領教他極強的頑固態度。

第13招 紫府坐命的人脾氣好壞及易爆點為何？

接招應答：紫府坐命的人普通都是穩重溫和、氣質不錯的人，也不會隨便發脾氣，凡事講理。但是固執的情況很嚴重。尤其對於會違背其行事作風或違背其原則、良心的事情是異常反感的，脾氣很拗、決不妥協，他們很少會破口罵人，只是會與之斷絕來往，不再理他。

第14招 怎樣說服紫府坐命的人？

接招應答：要瞭解紫府坐命的人，辦事處世很注重原則性，也不會輕易更改，除非能動之情，明示其利益的取捨，否則會很難說服他們。因此用平和的、智慧型的分析解說，你的道理一定要比他的道理強而合理，才能說服他。若是用強硬、頑固、霸道、直接命令的方式，會達不到效果。

怎樣與紫相坐命的人過招

第15招 怎樣從外型特徵找出紫相坐命的人？

接招應答：身高中等略高，臉型為中等長方帶圓形的臉型，有忠厚、正派的氣質。活潑但是很守規矩，對別人很熱心，有專業性的技術與嗜好。喜歡享受和對於物質生活不滿足。意見很多，尤其會對上司、長輩有意見。理想多而不重實際。

第16招 紫相坐命的人有那些特殊性格？

接招應答：紫相坐命的人，情緒常不穩定、理想太多、容易改變主張。叛逆性很強，常想改變現況而與人起爭執後，又回到原點，無法衝破精神上的牢籠，因此他們常常與代表權利、地位的上司、長輩、父母不和或鬧氣，或是做一些不利自己的事情。最後又來後悔。大致上他們是溫和有禮的人。

第17招 紫相坐命的人其內心思想模式為何？

接招應答：紫相坐命的人，因受天羅地網宮的影響，心情常會鬱悶，而想打破樊籠逃出去。因此在性格上很叛逆，常會對管教自己、約束自己的上司、長輩或父母不滿。但是過一會兒冷靜下來又會自省而後悔。紫相坐命的人，凡事都有不滿足感，因此在專業技術上會潛心研究，得到專業的技能。其內心依然是善良而敏感的。常喜歡試探別人對自己的看法，是不是很重視自己？一般來說其人在思想、心地上都算是正派、規矩、處事合情合理的人。

第18招 紫相坐命的人，其人生的價值觀為何？

接招應答：紫相坐命的人，在心態上喜歡享受，有些貪心，通常他們都會有專業高級技術，物質生活很富裕。但是還是時常不滿足。對生活環境不滿足，對物質亦感不滿足，故其價值觀還是以『金錢』為重的觀念的。他們會在工作事業上忙碌辛勞，去滿足自己。

第19招 紫相坐命的人所能接受反對意見的寬容度為何？

接招應答：紫相坐命的人，最是耳軟心活的人，情緒與思想容易善變。很能接受反對的意見，但也容易變來變去拿不定主意，最後還是求助於別人幫他拿主意。

第20招 紫相坐命的人脾氣好壞及易爆點為何？

接招應答：紫相坐命的人，一般情況是溫文儒雅，看起來是好脾氣溫和派的人。這是在他情緒高昂、快樂的時候。情緒變化大時會暴怒，而且怨東怨西、鬧氣又不說明原因，完全失去儀態。通常這個易爆點都是在他們得不到自己想要的東西的時候爆發。命宮中再有羊陀、火鈴的人，脾氣更壞，容易暴怒，也不好勸。

第21招 怎樣說服紫相坐命的人？

接招應答：紫相坐命的人，首先要弄清楚他內心最想得到的事物，用交換條件，以物易物是最直接而快速的方法。若沒有籌碼與之交換，則需以耐心、動之以情、施之以理，用講理的方式來協調也會成功。命宮中有羊陀、火鈴同宮或相照的人，思想反覆無常，常是已經被說服後又反悔，比較麻煩。

怎樣與紫貪坐命的人過招

第22招 怎樣從外型特徵找出紫貪坐命的人？

接招應答：個子較高、身材勻稱、體型優美、臉型長圓型。外表忠厚文雅、氣質特佳。在人緣關係上很能掌握對人的親和力。尤其擁有異性緣，為人討喜、臉龐五官端正俊美，很有氣派。同時也展現高高在上的自傲性格。

第23招 紫貪坐命的人有那些特殊性格？

接招應答：紫貪坐命的人，為『桃花犯主』的格局，異性緣特別好。一般的人緣也極佳，很有交際手腕，也容易打入別人團體的核心。他們喜歡結交權貴，喜歡升官發財之事，性格固執也常自以為是。很容易染上酒色財氣。紫貪坐命的人，因長得俊美、人緣又好、為人自傲，吃虧後容易翻臉無情。大多數的紫貪坐命者都很會拍馬屁、口才很好。命宮裡有火星或鈴星的人，性格上比較剛直、怪異，行為上也常有怪異的動作。

第24招

紫貪坐命的人其內心思想模式為何？

接招應答：紫貪坐命的人，對自己的外型、智慧、交際手腕非常有自信，也因此而自傲。他們對升官發財的事非常有興趣，也喜歡運用自己的資源努力去營造。紫貪坐命的人，凡事也有不滿足感，尤其對於物質生活和享受非常講求品質。一切對自己有利益的事是絕不放過的。紫貪加火星或鈴星坐命的人，會擁有多次的暴發運，其人的性格更形自傲、反覆，做事不按牌理出牌，常有讓人訝異的行徑。

第25招 紫貪坐命的人，其人生的價值觀為何？

接招應答：紫貪坐命的人，是喜歡做官掌權的人。性格上也有強硬霸道的趨勢，但常會掩飾自己固執的行為。他們在金錢上處理的能力不佳。因此其價值觀是以掌權做主為主要評量依據，也就是以權勢為價值觀的評量法。這種價值觀在紫貪加火星或鈴星坐命的人身上會表現得更透徹。

而紫貪坐命的人，身宮落在財帛宮的人，是非常可憐的人，更愛錢如命，又賺不到什麼錢。想要清高自恃，又為錢所煎熬。終將走上貪贓枉法，作繭自縛的道路上去。

第26招 紫貪坐命的人所能接受反對意見的寬容度為何？

接招應答：紫貪坐命的人，外表溫和、氣質優雅，但極其頑固。表面上他們不得罪人，遇到反對意見，他們都能虛心接受，實則他們是內心頑固已無法改善的人。你可以從他有沒有去實行改善計劃就可得知了。

第27招 紫貪坐命的人脾氣好壞及易爆點為何？

接招應答：紫貪坐命的人，一般看來都是溫和儒雅能保持好風範形象的人。但是他們氣在骨子裡，人多的時候不爆發，人少或回家以後才爆發，怒氣會遷連很多人。

第28招 怎樣說服紫貪坐命的人？

接招應答：紫貪坐命的人一向愛面子，這種性格比其他紫微星曜坐命者更為嚴重，因此面子問題是他們最重要的考量。其次是酒色財氣、升官發財上的利益最讓他們心動，能把握此兩項重點，其實已掌握了他們的命脈要害。

怎樣與紫破坐命的人過招

第29招 怎樣從外型特徵找出紫破坐命的人？

接招應答：身高中矮，不會超過一六五公分。臉型中等長方型，腮骨明顯、嘴很大、身體肩背厚寬，面貌端正忠厚，但說話很狂妄。臉型氣派、雖有傷痕破相，但並不露出，比一般破軍坐命的人氣質較文雅一點，五官也端正得多。為人較自傲。

第30招 紫破坐命的人有那些特殊性格？

接招應答：紫破坐命的人，命程中就是東奔西走，一生不安定的局面，因此常對其周圍環境不滿意，意見很多。與人又常合不來，說話做事都很大膽，敢愛敢恨，勇往直前，不怕得罪人。一生中慾望大而多，不容易滿足，破耗也多，喜歡享受，有浪費的習性而不以為怪。對酒色有特殊的喜好，桃花不算高級。

性格優點：外表豪放不羈、敢說敢做、做事辛苦打拼、喜歡奮鬥、能吃苦耐勞。

性格缺點：常得罪人，意見太多，又沒有建樹，無法與人好好合作。且容易犯眾怒，引起事端，頑固不化。命宮中有羊陀、火鈴同宮或相照的人，人際關係更差，常有報負心態。品格惡質。

第31招 紫破坐命的人其內心思想模式為何？

接招應答：紫破坐命的人，對人常有懷疑之心，因所處的環境複雜惡劣，本身也有自卑感和自傲混合形成的自大狂、性格頑固。倘若別人比他強，他便沈默以待。倘若別人比他弱，他便自大自傲，無以復加。

紫破坐命的人疑心病重，很難相信別人的真心。大致上他們還算忠厚正派的人，較少用心思去整別人。除非有利益與他相衝突時，他才會強力去爭。爭起來很凶悍。紫破坐命的人，多半為勞工階級，思想的層面較狹窄，除了賺錢，沒有很多的上進心。因此思想模式是原始而直接、好壞分明的。

第32招

紫破坐命的人，其人生的價值觀為何？

接招應答：紫破坐命的人，雖然喜歡打拼事業，但始終處於開創的時期，而無法進入事業的成功期。他們多半是從事勞力付出的工作。性格是隨遇而安的方式，對周遭的環境和人事雖常有不滿而脾氣暴躁，但並不能真正找到事業成功的方法。也無法瞭解自己在人生中究竟以何為價值觀。是故，紫破坐命的人，還是以人生最基本的方式賺一點小錢，稍微享受一下吃喝的樂趣罷了。其人生觀是『今朝有酒今朝醉』的方式。

第33招 紫破坐命的人所能接受反對意見的寬容度為何？

接招應答：紫破坐命的人雖然很固執，但對人有很多的懷疑之心，若別人提出相反的意見，他倒是馬上就能立即吸收，甚至成為自己的意見。只有在與他有利益衝突時，才會有固執衝動的表達方式。甚至用很激烈的攻擊手段對付別人。

第34招 紫破坐命的人脾氣好壞及易爆點為何？

接招應答：紫破坐命的人，只要不去刺激他，或與他相爭利益，一般來說是豪爽、阿莎力的人，性格開放粗曠，雖然有些小氣計較，但是愛面子、喜歡人捧他。若是受到別人的言語刺激，或在錢財方面的利益衝突時，便非常衝動而不能自持。脾氣不算好。他們有時也喜歡批評別人而引發爭端。在性格上有些不合群，而且易暴怒。

第35招 怎樣說服紫破坐命的人？

接招應答：紫破坐命的人，喜歡假裝很講理，又注重公平的原則，常常會懷疑別人在欺負自己。因此你只要給足他面子上的虛榮心，讓他感覺自己沒有吃虧，而且利多於弊，他就會欣然被你說服了。

怎樣與紫殺坐命的人過招

第36招 怎樣從外型特徵找出紫殺坐命的人？

接招應答：個子中矮、臉型中等長方、腮骨明顯。眼睛很大、眼球略突出、瞳仁很大，眼睛很漂亮。大臉、有堅毅的表情、話不多、穩重氣派、額頭高、臉的輪廓很深。

第37招 紫殺坐命的人有那些特殊性格？

接招應答：紫殺坐命的人，個性很強，喜歡掌權，這也是命格中『化殺為權』的一種方式。他們不喜歡被人管束，喜歡獨當一面，事業心重，刻苦耐勞，很能自動自發的去努力奮鬥。有堅強的意志力去從事專門而辛苦的工作。

喜歡自己創業，做自己的老闆。因此紫殺坐命的人有很多是苦練成功的藝術家（包括音樂、舞蹈、繪畫等等）。也有一些開工廠的老闆或生意人。

紫殺坐命的人，內心性格剛強，外表美麗沈靜，做事很有主見，認定值得奮鬥的事情便很有耐力的堅持下去。若心情不好或遇到不喜歡的事情，其狀況如同病貓一般沒有衝勁。

第38招 紫殺坐命的人其內心思想模式為何？

接招應答：紫殺坐命的人，思想很單純、很直接。很注重個人感觀的感覺，也具有某種程度的自傲。是自己興趣所在的事物或人物，亦或是大是大非的事情，只要被他認定是對的，便能不顧眾人的反對而支持到底。紫殺坐命的人敢擔當、肯吃苦。做人也是黑白分明，敢愛敢恨，很少會受別人的影響而改變。其思想模式是一種很容易將事物二分法，愛恨分明的主觀意識很強烈。

第39招 紫殺坐命的人，其人生的價值觀為何？

接招應答：紫殺坐命的人，通常都對事業有堅定的打拼意念。人生的價值觀中多半包含了事業為重要信念之一。其次依身宮所落之宮位而稍有不同。

◎紫殺坐命的人，身宮落在夫妻宮的人，以愛情與家庭和樂和事業並駕其驅，為人生最重要的價值觀。

◎身宮落在財帛宮的人，以『金錢』為首要，事業為其輔助的主要人生價值觀，凡事以『錢』為主。

◎身宮落在遷移宮的人，對錢的態度比較不會太看重，但仍以事業為重。

◎身宮落在事業宮的人，對事業與家庭是同樣看重的人。

◎身宮落在福德宮的人，愛享受、愛錢，兩者缺一不可。

第40招 紫殺坐命的人所能接受反對意見的寬容度為何？

接招應答：紫殺坐命的人，性格很強悍，不太能接受別人的反對意見。往往他們會以衝動強烈的方式來表達自己的不滿，並且會立即離開現場，與懷有反對意見的人處在敵我的關係之中。

第41招 紫殺坐命的人脾氣好壞及易爆點為何？

接招應答：紫殺坐命的人，平常是非常和氣有禮貌的人，表面上看起來脾氣還不壞。但是有謠言或實際利益受到傷害時，他們會有很倔強的表現，發起脾氣來很嚇人。並且會主動的與敵對者斷絕關係。

第42招 怎樣說服紫殺坐命的人？

接招應答：紫殺坐命的人，也喜歡講理，喜歡正正派派公平的交易。紫殺坐命的人，很主觀，不喜歡別人來教他怎麼做，因此想說服引導紫殺坐命的人是需要下許多軟功夫和做一些準備工作的。你必須把自己的理由合理化，再用以柔克剛的方式與他協商。說服的技巧在於至情、至理、好言相勸、分析厲害，然後可以水到渠成。

怎樣與天機坐命的人過招

第43招

怎樣從外型特徵找出天機坐命的人？

接招應答：中等身材，大部份天機坐命的人都很瘦弱。只有坐命子、午宮的人，有一些身材是胖大型的。臉型是小長圓臉型。肥胖者大臉。人緣並不太好，外表雖斯文，眉毛雜亂，眉型多不夠清秀。眼部有精明外露之跡象。容易惹是非。家中是非更多、糾纏不清。因此多半會從事在外奔波的文職工作，如記者、設計、事務人員等。

第44招　天機坐命的人有那些特殊性格？

接招應答：天機坐命的人，常有一些神經質，愛鑽牛角尖、性急、反應很快、計謀多，常自恃聰明做一些不討喜的事情，也常受人排斥。凡事沒有耐心、三分鐘熱度，做事勤勞、謹慎，但性格愛計較，喜歡精打細算，為人太過於精明，努力略嫌不夠，再加上容易見異思遷，常常功虧一簣。

性格優點：聰明、反應快、計謀多、勤勞、謹慎、精明、善於計算、策劃、古靈精怪。

性格缺點：神經質嚴重、愛胡思亂想、很難與其相處。常賣弄小聰明、耐性差、三分鐘熱度、喜歡見異思遷。做事沒有定性，久缺領導能力，較難成為主管級人物。

第45招

天機坐命的人其內心思想模式為何？

接招應答：天機坐命的人，都有靈活的思路，對一切新鮮的，變化多的事務感興趣，不願意拘泥傳統、束縛的規矩與形式。其人容易善變，有時候對於有爭議性的事務特別熱衷，讓人弄不清他的正反地位。有時候也許是太過自作聰明而自恃甚深而嚐敗績，但是他們也很少會沮喪，因為三分鐘的熱度過去，他們又被其他新的事物所吸引了。因此雖有愛鑽牛角尖的個性，有一段時間的緩衝期，很快便會渡過。

第46招

天機坐命的人，其人生的價值觀為何？

接招應答：天機坐命的人，在人生價值觀上分為兩種人。一種人是喜歡追求新潮知識性的高格調份子。一種是追逐金錢而又自命清高的投機份子。

天機坐命的人，命格是『機月同梁』格，為普通的上班族，金錢運也只是合格夠用，公務員、上班族、薪水階級的形式，必須一點一滴的儲蓄才行。因此喜歡追求新事物、新知識的人，比較有福氣。而那些身宮落在財帛宮，比較愛錢的人，會因賺錢並不如自己幻想的那麼多，又有神經質的毛病而苦惱不堪。

第47招

天機坐命的人所能接受反對意見的寬容度為何？

接招應答：天機坐命的人，對任何事物都有明顯的興趣，很愛插一腳，尤其是從來沒有做過或聽說過的事情。也容易受人鼓動而附和。能接受反對意見的寬容度最高，幾乎是百分之百。永遠對人、事、物充滿著好奇感。

第48招 天機坐命的人脾氣好壞及易爆點為何？

接招應答：天機坐命的人，表面看來是溫和有禮的人，很多人不相信他們私下脾氣真的很壞。易怒、善變、有時候會作怪報復，但都是無傷大雅的小奸小詐之所為。容易衝動、也容易後悔。性格上不夠穩重、成熟。天機化忌坐命的人，因為身體或命程上的關係，忸天別地的更厲害。脾氣也十分古怪。

第49招 怎樣說服天機坐命的人？

接招應答：天機坐命的人，很聰明，要說服他並不容易。但是他們喜歡新鮮的事物和言論。你倘若有一套新的、從來沒有讓他聽到過的理論，亦或是能製造一些新的事物或事件，讓他轉移注意力，是可以改變天機坐命的人的想法的。天機坐命的人對是非善惡之事沒有絕對固執的堅持。可以說他們在思想上是一隻變形蟲、隨時會變，因此超強的震懾力量（氣勢強盛），新穎的言論即可說服他們，使他們崇拜。

怎樣與機巨坐命的人過招

第50招

怎樣從外型特徵找出機巨坐命的人？

接招應答：身材高大、大手大腳，臉型長方型，臉頰較寬。眉毛顏色淡、表情固執陰沈、但口才佳、好辯、嘴大。言語容易引起是非，為人自傲、脾氣不好，一看就是不好惹的人。有堅強的意志力、白手成家、以此自傲。夫妻間感情是非多，結婚也不容易。

第51招

機巨坐命的人有那些特殊性格？

接招應答：機巨坐命的人，性格頑固、感情複雜、是非很多，脾氣又不好。因為口才銳利，常直刺人心，因此人緣並不好。他們常以自己白手起家而自豪。平常時間他們是陰沈話不多的人，但一開口便會得罪人，甚至引起公憤。

機巨坐命的人，多半有良好的家世背景，自覺高人一等而有傲氣，再加上他們會有專業的知識，或因自己努力得來的地位而自豪，會鄙視周圍的人，態度不是很好。

機巨坐命的人，常與男女朋友，或配偶產生是非問題，喜歡研究對方的戀愛史，製造彼此的傷害，因此在感情上也得不到良好的回應。

機巨坐命的人，有擎羊同宮或相照的人，為人更是陰險狡詐，報復心強，而且他們有優良的知識做後盾來報復人，其行為更是可怕。

第52招 機巨坐命的人其內心思想模式為何？

接招應答：機巨坐命的人，有其出身世家的傲氣，有其能掌握專業知識的傲氣，也有其凡事自己動手，而達到（在某方面）努力成功的自傲心態，常覺得自己比別人聰明得多，血統也比別人優良，努力堅持力比別人高。因此自己是聰明的先知先覺的人，任何人也無法與其比擬。故而說話狂妄，很容易挑釁、刺激別人。他們常常忘記很多事情是必須協調合作才能成功的，故而在運用人際關係時，他們便會屢受挫折。接著他們更是憤世嫉俗，批評更多的人，造成更多的敵人，而陷自己於萬劫不復的境地。

第53招 機巨坐命的人，其人生的價值觀為何？

接招應答：機巨坐命的人，有良好的家世背景，自傲於傳統的延續。他們通常在學術或科技研究的機關工作，對自己清高的地位自視甚高，因此對金錢比較淡泊，也比較重視學術地位的名聲，一生的價值觀也以此為重。若身宮落在夫妻宮的人，會在感情上走坎坷的路，人生中以愛情和自己為最重要。事業工作會受到戕害。身宮落在財帛宮或福德宮的人，都是人生以自私享受為目的的人，喜歡過閒雲野鶴，遊蕩詩人或清高學者的生活。

第54招 機巨坐命的人所能接受反對意見的寬容度為何？

接招應答：機巨坐命的人，非常頑固，而且自視甚高，很難接受別人的反對意見。凡事以自己的看法為主，就算明知道錯了，仍要堅持錯下去，不肯回頭，因此其結果常是兵敗如山倒的局面。

第55招 機巨坐命的人脾氣好壞及易爆點為何？

接招應答：機巨坐命的人，非常陰沈、平常話少。心情好的時候少、壞的時候多。脾氣易怒、是非多、心境不清靜。因為聰明、想得多、又喜歡研究，因此常自找麻煩，又讓自己不快樂。他們的脾氣很容易爆發，一發又不可收拾，言話尖銳，並會引發更多的是非解決不完。

第56招 怎樣說服機巨坐命的人？

接招應答：機巨坐命的人，從來沒有真正相信過任何人。他們又常自認是天才型的聰明人物，因此想說服他們並不容易。因為他早已明瞭你所要勸他的說詞，甚至可以幫你說出來，讓你尷尬。因此我建議你最好用以退為進的方式。首先不要刺激他，多讚揚他們聰明和高等的知識技術，轉移其注意力。亦或是用最新的資訊（他所精通的科目）與之交換。機巨坐命的人很喜歡研究學問、科技。在鬆懈其防備，關係建立好了之後，再慢慢提出說服的建議。但一切要以穩定其情緒的前題下進行。

怎樣與機陰坐命的人過招

第57招

怎樣從外型特徵找出機陰坐命的人？

接招應答：中高身材、體型優美、有儒秀之風。臉型長圓形，面色較白、文質彬彬、有陰柔之氣。五官端正優美、桃花強烈、人緣關係良好。頭腦靈活、但善變。情緒常陰晴不定，對人忽冷忽熱。一生較動盪不安，驛馬強，也容易出車禍。

第58招

機陰坐命的人有那些特殊性格？

接招應答：機陰坐命的人，為人善變、性格不穩定，常拿不定主意，情緒起伏很大。桃花強烈，內心感情世界複雜，腦筋靈活，學得很快，也很會胡思亂想、愛鑽牛角尖。有很重的神經質、幻想多、計謀也多、反應非常快。時常對人忽冷忽熱，讓人訝異。

第59招 機陰坐命的人其內心思想模式為何？

接招應答：機陰坐命的人，雖然聰明愛多想，性格不穩定，但不失為正派人士，他們除了在桃花問題上沒法子解決之外，一切都還中規中矩，循規蹈矩的生活。他們常對別人抱有懷疑之心，有一點疑神疑鬼的，但是這是在感情問題上的糾葛所致。在一般事物上，他們是心地仁慈、柔軟、坦蕩的人。其思想模式是直接的，聰明的，也會多想多考慮，但不容易拿主意，喜歡徵求別人的意見，耳根軟、善變是其致命傷，他們沒有很大的抱負，奔波勞碌，卻很重視平衡穩定的生活空間，與人際關係。有時候甚至有一些懶惰，用此來平衡生活上的動盪不安。

第60招 機陰坐命的人，其人生的價值觀為何？

接招應答：機陰坐命的人，其人生價值常改變，因年紀不同而有變化。但機陰坐命的人命格是『機月同梁』格，因此有穩定的薪水階級的工作為後盾，其人生的價值觀，最後還是脫不出辛勞之後愛享福的人生觀。人生始終是辛勞奔波和停頓一下享享福，享受一下，又再奔波的格局。因此人生的價值觀在享受上，對事業和地位、權勢並不是很積極。就算身宮落在財帛宮的人，也是如此。只有身宮落在官祿宮的人，比較愛爭，以事業為人生較重要的價值觀。

第61招 機陰坐命的人所能接受反對意見的寬容度為何？

接招應答：機陰坐命的人，性格比較陰柔多變，可以聽聽反對的意見。但本性裡還是有些習慣性的固執頑固不容易改善。因此常常是表面上接受了反對意見，過了幾天或一會兒他又變了，還是用原先自己的方法在辦事。這到底是他天性善變呢？還是本性裡的頑固在作怪呢？

第62招 機陰坐命的人脾氣好壞及易爆點為何？

接招應答：機陰坐命的人，表面看起來聰明、溫柔、美麗、可愛，但是內在個性非常倔強，尤其對於和別人之間的感情問題非常堅持。他幾乎用每一件事情來試探別人對他的忠誠度。不合他意的人，就是對他不好的人，脾氣就會爆發，很少真正用心去看清事物的本質。有時候爭吵反而能幫助他看清事物的真相。

脾氣易怒、善變是特質。只要用『情』用『理』去哄他，很快又會轉危為安、破啼為笑了。

第63招
怎樣說服機陰坐命的人？

接招應答：機陰坐命的人，有時候非常孩子氣，對別人的忠誠度與感情的歸屬感非常在意。但也不是完全不能講理的人。你若能用『情』、『理』細心溫柔的分析，很能打動他們的心。有時候爭吵的方式也能快速解決問題，彼此氣憤、快速、直接的說出自己的想法，減少他內心胡思亂想的憂慮，很快的就能把立場調合成同一個完善的角度，而雨過天晴了。

怎樣與機梁坐命的人過招

第64招

怎樣從外型特徵找出機梁坐命的人？

接招應答：中矮身材、臉型和身材都瘦、骨架大、露骨節。臉型是長方形的臉龐，目光銳利、態度沈穩，口才伶俐善辯。大多數的人有技藝在身，否則也是個熱衷賭博的人。頭腦聰明、轉得很快，很能抓住別人的弱點來應用。一般來講他們的是非也很多，主意也多。喜歡挑釁事件，而發生事情了總能袖手旁觀，置身事外。

第65招 機梁坐命的人有那些特殊性格？

接招應答：機梁坐命的人，很會運用自己的聰明才智，來創造對自己有利的契機，他們是具有『軍師格』的人。一般來說他們聰明但責任感欠缺。又常會自做聰明，其人在言語、人格上的可信度不佳。若做幕僚人員，其古靈精怪的計謀及思路，倒是非常好的軍師。

機梁坐命的人，命宮中有羊陀、火鈴的人，為人惡質，心術常不正，拐騙之行為常犯，而且沒有廉恥之心，令人望而生懼。

第66招 機梁坐命的人其內心思想模式為何？

接招應答：機梁坐命的人，常自詡比別人聰明，計謀多，反應快，常常喜歡用伶俐的口才表演去說服周遭的人，也喜歡在眾人之前表現聰明，喜歡露一手。因為聰明而不務實際。他們一生有多次暴發運，也促成他們想一步登天的思想模式，但機梁坐命的人，一生中最高的人生境界就是做公務員，因此他們始終在浮沈之間，而以財富為人生努力的目標。

機梁坐命的人，命宮或對宮中有羊陀、火鈴相照的人，更愛賺錢，一生以招搖闖騙為生。

第67招

機梁坐命的人，其人生的價值觀為何？

接招應答：機梁坐命的人，命格是『機月同梁』格，為公務員平順財運的格局，一般人賺錢並不多。但是他們命格中也有『武貪』格暴發運，只要沒有羊陀相侵擾的人，都能暴發一些錢財。因此機梁坐命的人，是以金錢、財富做為人生價值觀評量標準的。一生中比較看重『錢』。

第68招 機梁坐命的人所能接受反對意見的寬容度為何？

接招應答：機梁坐命的人，很能接受反對意見。事實上以他們聰明的機智，很快的就能把反對意見化為自己所用了。有時候他們更能精心去研究反對意見，並找出破解之道。亦或是將反對意見經過改良後為自己所用。因此不能不說他們是天才型的人物了。

第69招 機梁坐命的人脾氣好壞及易爆點為何？

接招應答：機梁坐命的人，一般來說都是外表溫和，而內心性子很急的人，做事速戰速決，不會隨便與人產生衝突。雖然他們內心也會很固執，但聰明的他們對於不好的氣氛總是很伶俐的先發覺而躲過。雖然其人本身也常有情緒不穩定的時刻，但比起一般有天機星曜在命宮的人，脾氣算是溫和得多了。

第70招 怎樣說服機梁坐命的人？

接招應答：機梁坐命的人，雖然非常聰明，但事實上，會上當最多的也是機梁坐命的人，他們對於宗教迷信有歸屬感，自認聰明，他不騙別人即是好事，別人哪裡能騙得了他？縱然被騙，他也自認脫得了身，但是往往事與願違。要說服機梁坐命的人，最好動之以『利』。他們喜歡賺錢，更喜歡暴發偏財運，而且深信自己有這個能耐。其次就是用宗教輪迴之說，讓其心悅臣服。否則你跟他說『理』是絕對說不過他的。

怎樣與太陽坐命的人過招

第71招

怎樣從外型特徵找出太陽坐命的人？

接招應答：中等以上的身材，有的人很高大，面型圓形，大多數是大圓臉，某些人為略長的圓臉、面頰較寬、額頭高、體型壯碩。性格爽直、寬厚、不太與人計較，看起來是個好脾氣的人。面色紅白色，太陽居陷的人，面色較暗發青。

第72招

太陽坐命的人有那些特殊性格？

接招應答：太陽坐命的人，是坦白沒有心機的人，為人方正、剛直無私、不拘小節、為人博愛、講求公正、公平、愛打抱不平，能夠仗義直言，做事很有能力。但理財能力不好，為人勞碌。此命的女子也有男子氣概，是陽剛氣較重的人。

太陽居陷坐命時，其人在性格上有先勤後惰，或者是在男人社會中競爭力差，喜歡隱遁在別人的背後，因此適合做幕僚工作。

第73招 太陽坐命的人其內心思想模式為何？

接招應答：太陽坐命的人，很有博愛思想，對任何人都很寬容，包括自己的敵人在內，他們不喜歡與別人發生衝突不悅，在金錢方面對人很大方，只要不違背他們既有的原則，他們對別人非常的寬厚。而這些原則就是正直、無私、是非黑白的真理。倘若違背了這些真理的原則，太陽坐命的人就會義無反顧的仗義直言了。普通的時候，他們是不會多管閒事的。

第74招 太陽坐命的人，其人生的價值觀為何？

接招應答：太陽坐命的人，為人方正、有正義感、理財能力不佳，常有浪費的情形，對人慷慨、不計較金錢。其人生的價值觀以『朋友』為重，以『面子』為重。講義氣、重朋友，能夠仗義疏財，『車馬衣裘與朋友共，蔽之而無憾。』

命宮中有太陽化權的人，喜歡權勢與地位，容易求上進，人生的價值觀在於成就事業。命宮中有太陽化祿的人，油滑人緣好，喜歡賺錢，人生的價值觀在賺錢。命宮中有太陽化忌的人，一生心情不爽快，是非煩惱多、頭腦不清楚，人際關係也很差，沒有辦法弄清楚自己的人生價值觀。

第75招 太陽坐命的人所能接受反對意見的寬容度為何？

接招應答：太陽坐命的人，沒有心機，反而很能接受反對的意見，他們會認真的思考這個反對意見，倘若不違背其公正、公平、是非曲直、黑白對錯的原則性，他會很無私的接受及改正。但是若此反對意見與事實不符或違背其正派的思想，他就會嚴厲剛直的予以反駁。

第76招 太陽坐命的人脾氣好壞及易爆點為何？

接招應答：太陽坐命的人，一般來說，大家都以為太陽坐命的人是沒有脾氣的老好人，但是違背了他的原則性，他就會大聲的嚷出來，以謀求公理。太陽坐命的人很少發脾氣，真正讓其發脾氣時，狀況驚人，並且不是三言兩言可以勸說的，除非對方能確保已改善了自己的行為才可善了。

第77招 怎樣說服太陽坐命的人？

接招應答：太陽坐命的人，是陽剛氣很重的人，要能說服他，當然必需要『以柔克剛』。用溫和婉轉的方式，公正無私的態度，再用合情合理的言詞來說服他。太陽坐命的人，一向為人寬厚，沒有心機，不會陰險搞怪，最怕別人的三句好話和委曲的態度。因此是很容易被說服的人。

怎樣與日月坐命的人過招

第78招

怎樣從外型特徵找出日月坐命的人？

接招應答：中等身材，骨骼雖大，但是有陰柔之氣質。臉型長圓帶方型。臉型柔美與剛毅並存，有一種特殊的氣質。通常日月坐命的人多從事學術與藝術行業，因此氣質文雅，有書卷藝術氣息。

第79招

日月坐命的人有那些特殊性格？

接招應答：日月坐命的人，情緒起伏很大，是變化無常的人。做事常三心兩意、心猿意馬。外表溫和，但性急好動，又沒有堅定意志力與果斷力的人，做事沒有恒心，常會為情所困，優柔寡斷。

日月坐命在丑宮的人，比較害羞、保守、內斂，陰柔氣息重一點。日月坐命未宮的人，比較陽剛一點，在男人社會中的競爭力好很多，但女人緣欠佳。

第80招

日月坐命的人其內心思想模式為何？

接招應答：日月坐命的人，因為命宮裡有太陽、太陰兩個屬性完全相異星曜的影響，其實其人的性格是一會兒剛，一會兒柔的狀況。有時候他們會豪放快樂，有時候卻又陰柔多愁善感，因此變得陰晴不定了。他們受太陽光的影響很深，若是晴天艷陽普照時，其人心境開闊，變得好講話，有太陽坐命的人的開朗豪爽。若是陰天沒有陽光時，他們便成為忸怩而多愁善感，情緒很不好的人了。此時他們也會想得多、悲觀，拿不定主意的現象更嚴重了。倘若你要替他拿主意決定事情，他也不會滿意，總是扭扭捏捏變來變去。讓周遭的人又急又氣。

第81招　日月坐命的人，其人生的價值觀為何？

接招應答：日月坐命的人，是性情善變，心裡想要什麼，卻又不敢說、又不敢做的人。常常在那裡忸怩作態，要別人去猜測。命宮在未宮，辛年生的人，有太陽化權的人，喜歡權利、地位。其人生價值觀在此。而命宮在丑宮，而有太陽化權的人，因太陽陷落的關係，始終會落於幕僚人員，想得正位較難。其人生價值觀會偏向得財的方面。

日月坐命的人，命宮中有太陰化權或是太陰化祿的人，都會以『賺錢』為人生的價值觀。有太陽化祿的人亦然。

日月坐命的人，多半以教書或清高的職業為主。就算身落在事業宮的人，也只是忙碌而無法有權利、地位的人。而金錢運也並不佳。因此身宮落在財帛宮的人，而以賺錢為人生價值觀的人，會痛苦不堪。

第82招

日月坐命的人所能接受反對意見的寬容度為何？

接招應答：日月坐命的人，表面上看起來很能接受反對意見，但是由於考慮太多，三心兩意的結果，反對意見成為其精神上的包袱，又形成一個新的問題，讓其無法抉擇拿不定主意了。

第83招

日月坐命的人脾氣好壞及易爆點為何？

接招應答：日月坐命的人，從表面來看是一個溫柔多情、待人和善的人，但是私下裡卻有許多小脾氣，忸怩難纏，晴時多雲偶陣雨的個性，常讓其家人及熟識的朋友難以領教。日月坐命的人，還有很頑固的性格，脾氣來的時候，三、兩天不會變好，真讓人沒辦法。雖然如此，但他們是不會有粗魯暴怒的行為的。

第84招

怎樣說服日月坐命的人？

接招應答：日月坐命的人，情緒不穩定，這似乎和太陽、月亮的陰晴圓缺有關。要說服日月坐命的人，當然要選白天，而且是艷陽天，日正當中最亮麗的時候，他們的心情會很好，此時溫和有禮的態度，和坦白無私，光明正大的道理，很能激發他們豪爽、熱情、博愛的陽剛之氣，兩肋插刀在所不惜。但是日月坐命的人情緒多變，你一定要趁其沒變卦之前完成使命，不然就悔之晚矣！

怎樣與陽巨（巨日）坐命的人過招

第85招

怎樣從外型特徵找出陽巨（巨日）坐命的人？

接招應答：中等身材、命宮在『寅』的人為矮者較肥胖，命宮在『申』的人為高者較瘦。臉型是短方形『田』字臉型，嘴很寬，喜食祿。口才很好，適合做運用口才的工作，例如老師和業務人員中就有很多陽巨坐命的人。他們做事很勤勞，對事業很堅持，很有競爭力。外表溫和有禮，活潑快樂。『命、財、官』三方有羊、陀或日、月、昌曲的人，性格比較穩重，其他的人比較聒噪。

第86招 陽巨（巨日）坐命的人有那些特殊性格？

接招應答：陽巨坐命的人，性格很爽朗、不會忸怩作態，為人活潑快樂，很有上進心。做事勤奮，喜歡固執在事業上。一生的是非口舌多，容易與人產生爭執。在工作中必須經過很多的競爭才能順利成功。在感情問題上也必須有競爭才會有結果。命宮在『申』宮的人較會先勤後惰，中年以後無所做為。

第87招 陽巨（巨日）坐命的人其內心思想模式為何？

接招應答：陽巨坐命的人，一般來說，都是性格爽朗的人，因為口才好，又喜歡美食，是一個比較重視吃的享受的人，一生是非較多。某一部份人，藉此化做工作上的競爭，而另一種陽巨坐命的人，比較好吹噓，頻惹是非，藉此自抬身價，大致上，陽巨坐命的人，擁有仗義直言，一板一眼，剛直無私的思想模式，快樂勤奮的工作，中規中矩的過日子。

第88招　陽巨坐命的人，其人生的價值觀為何？

接招應答：陽巨坐命的人，做事很勤奮努力。一般人都以事業成就為人生價值觀。其次就是在辛苦打拼之後，要以吃的享受來酬庸自己。人生在努力與打拼中做平衡。

◎命宮中有太陽化權或巨門化權的人，更喜歡掌權、爭地位。人生價值觀以名利為主。

◎命宮中有太陽化祿或巨門化祿的人，愛賺錢。人生價值觀以金錢為主。

◎身宮落在財帛宮的人，會為愛錢、賺錢而自苦。

第89招

陽巨坐命的人所能接受反對意見的寬容度為何？

接招應答：陽巨坐命的人，熱情爽朗，雖然內心有一點固執，但還能與人討論反對意見，看看是否可行。不過他們的懷疑心也頗重，不會太快有所決定。命坐『申』宮的人，更會三心兩意，招惹是非。命宮在『寅』宮的人，會奮力用口才去勸說對方。

第90招

陽巨（巨日）坐命的人脾氣好壞及易爆點為何？

接招應答：陽巨坐命的人，大都是溫和開朗的人，只要沒有嚴重的事件發生，他們都算是溫和可愛的人。但是內心固執，是非太多，有時雖然有很好的口才，但說也說不清的時候，他們也會發脾氣。而且他們也具有挑剔的本性，既愛面子，也容易不滿現狀，與人總是離離合合、爭執很多，但不會太嚴重。有太陽化忌在命宮的人，會與人一生寡合。有巨門化忌在命宮的人，思想有問題，喜歡給自己惹麻煩，脾氣也不好。

第91招 怎樣說服陽巨（巨日）坐命的人？

接招應答：陽巨坐命的人，本身口才就很好，要說服他並不容易，除非你有合情合理的理由，再加上很有競爭力的條件才行。陽巨坐命的人也深知自己的是非多，但對於專業人士很尊敬，比較肯和專業的人士討論協調，如此就容易說服陽巨坐命的人了。

怎樣與陽梁坐命的人過招

第92招

怎樣從外型特徵找出陽梁坐命的人？

接招應答：陽梁坐命『卯』宮的人，較高大，壯碩較胖。命坐『酉』宮的人，是中等略矮的身材。同樣具有圓方形的大臉，年青時有白裡透紅的膚色。中年以後是紅黑色的膚色。陽剛氣重，此命的女子，也有男子氣概，事業心強，人緣好。

第93招

陽梁坐命的人有那些特殊性格？

接招應答：陽梁坐命的人，非常重面子問題，野心大，愛出名，做事很急躁。喜歡做大事業，小格局的事業看不上眼。

性格剛直爽朗，不拘小節，大而化之，在外人緣特好，也喜歡幫助別人。

性格優點：博愛、仁慈，有很強的事業心，愛面子，重名譽，人緣好，適合公職、官職上發展，喜愛管大家的事。

性格缺點：性格固執急躁、急功好利、野心太大，希望一步登天，命宮在『酉』宮的人，牢騷滿腹，不能成事。

第94招

陽梁坐命的人其內心思想模式為何？

接招應答：陽梁坐命的人，很有自信心，凡事也大方開朗不計較，不拘小節，對人樂善好施，人緣特佳。也因為有博愛、無私的思想，喜歡做大事業，去照顧很多人。通常他們都有豪情壯志，喜歡有好的名聲，常常為了面子問題，而不得不給自己很多壓力。因此他們無論做何事都是以名譽和面子問題為第一考慮因素的。

第95招 陽梁坐命的人，其人生的價值觀為何？

接招應答：陽梁坐命的人，通常都是以事業問題、面了問題為其人生最重要的價值觀。但是此價值觀以命宮坐在『卯宮』的人較易達成。若再形成完整的『陽梁昌祿』格，其人生的價值觀更可增加為權利、地位與金錢齊重的地步。而命宮在『酉宮』的人，心情較淡泊，主要以『面子問題』為人生主要價值觀，凡事不能違背。

◎命宮中有太陽化權或天梁化權的人，會以追逐名利、權勢、地位為人生價值觀。

◎命宮中有太陽化祿或天梁化祿的人，利慾之心較強，較愛錢財。不容易得到或是得到了再因是非問題而又必須放棄時，實在心有不甘。此命格中，化祿並不會給他帶來太大的財富。

◎命宮中有太陽化忌的人，一生事業不順，沒法子走權勢路線，只好求財了。

第96招 陽梁坐命的人所能接受反對意見的寬容度為何？

接招應答：陽梁坐命的人，為人講義氣、重名譽，因此對反對意見會很積極去聽取，但是他們內心是固執的人，會不會去改善或真正做實質問題的接受便不一定了。

第97招 陽梁坐命的人脾氣好壞及易爆點為何？

接招應答：陽梁坐命的人，穩重豪爽、凡事大方不計較，也不會與人勾心鬥角，面部的表情是穩重嚴肅的，性格是開朗的，平時溫和不大容易生氣，但有危害其名聲和正義的事物時，也就是陽梁坐命的人動怒的時候，敵方一定是個千夫所指的大惡人了。

陽梁坐命『酉』宮，命宮又有擎羊星的人，脾氣壞又陰險、口舌是非多，東飄西蕩一事無成。

第98招 怎樣說服陽梁坐命的人？

接招應答：陽梁坐命的人，普遍都自認有使命感，喜歡做官，做領導人，替人排憂解難。他們又非常愛面子，注重名聲，做事也很勤快。要說服陽梁坐命的人，非常容易，只要抓住他的使命感，與心地柔軟的仁慈面，就可說服他。只要他答應同意了你的說法，因面子事大，他便不會反悔，而義無反顧的做下去了。

怎樣與武曲坐命的人過招

第99招

怎樣從外型特徵找出武曲坐命的人？

接招應答：中等略矮身材，肩背稍厚，體型壯而不肥。臉型圓方形，眼睛大，個子不高，但聲音大而清脆，中氣十足。膚色較白裡帶青色。性格剛直寬宏、說一不二、重言諾、做事一板一眼、眼睛大、固執、威武、不會人云亦云，有自己的主見。

第100招

武曲坐命的人有那些特殊性格？

接招應答：武曲坐命的人，個性特別剛直，對於善惡黑白的問題，非常重視、敏感，守信重言諾、性急、做事速戰速決。

喜怒形於外表，沒有心機。

性格優點：一板一眼、正直而講義氣、重言諾、主觀意識強、脾氣發得快，發完不會記仇。做事速度快。堅毅果決、活力充沛、勇敢而堅強。適應環境的能力很強。行動力活躍。

性格缺點：冥頑不靈，精神較孤獨。喜怒形於色、性格剛直、不會轉彎，事業心太強，好勝而不認輸、勞心勞力。

第101招

武曲坐命的人其內心思想模式為何？

接招應答：武曲坐命的人，性格剛直，是守法重紀律的人，同時又具有正義感，對一切不法的事物會排斥和加以批評。他們的性格剛毅果決，又富有行動力、勇敢、堅強不畏強權，且以推己及人為己任，因此其內心思想模式是正面意義的，正邪不兩立的模式。做人有自己的原則，絕不與人苟同。

第102招

武曲坐命的人，其人生的價值觀為何？

接招應答：武曲坐命的人，人生價值觀以正義、公平為主，而在事業上來發展的。因此多以事業為重。武曲坐命的人，通常有兩大類人：一類是政治人物或做軍警職的人，會以伸張正義為出發點，在權勢、職位上努力，並以此為目標價值觀。一類人是生意人，人生的價值觀是以所賺取金錢的多寡，做為事業成功的標準，並以金錢為人生價值觀。

第103招

武曲坐命的人所能接受反對意見的寬容度為何？

接招應答：武曲坐命的人，性格雖然頑固，也堅持自己的原則。但是他們對於反對意見會設法去傾聽，並且會考慮其公平性、合法性、在情、理、法的原則下會接受反對意見。倘若這個反對意見是違背其原則的，則其人剛毅的個性就會顯露出來，而且絕不妥協。

第104招 武曲坐命的人脾氣好壞及易爆點為何？

接招應答：武曲坐命的人，有自己的原則，平常時脾氣溫和守禮。但是有違背其做人原則，或牽扯是非時，脾氣很暴躁易怒，但是快發快過，也不會記仇。心情好的時候很活躍，心情不好的時候會靜靜的躲起來。

第105招 怎樣說服武曲坐命的人？

接招應答：武曲坐命的人，做人很重視原則，又剛毅而不妥協，想要說服他們，就必然要從事務的合法性與公正、公平方面著手，武曲坐命的人很講道理，擇善固執，有錯也會認錯。倘若能掌握正理，與之當面說清楚，就可以說服武曲坐命的人了。但是缺乏正當理由時，頑固的他們是一點也不通融的。

怎樣與武府坐命的人過招

第106招

怎樣從外型特徵找出武府坐命的人？

接招應答：中等略高的身材，體型壯而不肥。膚色白，臉型圓形帶方，眼睛大，氣質文雅略剛而有富裕的氣息。衣著都是名牌，面相小心謹慎、保守、長相俊美、人緣好。態度沈穩、做事一板一眼，多在金融機構服務。

第107招

武府坐命的人有那些特殊性格？

接招應答：武府坐命的人，一生都有很好的物質生活，因此是不懂得人間疾苦的人，他們也愛享受，只重視和自已有關的事物，因此比較自私。但是外緣仍是很好的。

性格優點：脾氣好，內心頑固，喜歡獨善其身，很講究規矩，不越矩，為人小心謹慎，不惹是非、麻煩，行為保守，懂得自重，信守言諾與名譽。

性格缺點：有時很懦弱，會被配偶管制。因物質生活富裕，故缺乏上進心，與行動力，只喜歡一板一眼的守成。命宮中再有擎羊、火星的人，較會為富不仁。

第108招　武府坐命的人其內心思想模式為何？

接招應答：武府坐命的人，因為物質生活舒適，較無衝勁和魄力，對於錢財較吝嗇，但還不失忠厚、坦白、剛直的人。只是遇到事時較怕事而顯得懦弱了。

武府坐命的人，在遇到事時，總以自己為優先考量，做人一板一眼，不喜歡別人來麻煩他。對於錢財很會計算，內心的價值觀也以『金錢』為主，常以財富自傲，自命不凡。

第109招　武府坐命的人，其人生的價值觀為何？

接招應答：武府坐命的人，是財星與庫星同坐命宮的人，對金錢有特殊精明的概念，十分精於計算，其人生的價值觀會以『金錢』做計價單位。凡事以合於自己利益的方式來考量。

◎命宮中有武曲化權的人，喜歡耍政治手腕，對權勢地位也有特殊的愛好。人生價值觀以爭權奪利為主。

◎命宮中有武曲化祿的人，人緣較圓滑，以『金錢』為人生價值觀的第一考量。

◎命宮中有武曲化忌的人，是愛錢又被金錢所困擾的人，金錢的是非紛擾多，賺錢不順。若又是身命同宮的人，一生都會被金錢所剋制、所奴役，吝嗇、煩惱、享不到金錢的福氣，財運也多桀。

◎命宮中有擎羊星、化忌與武府同宮的人，為人吝嗇、陰險、愛錢又財運不順。實為辛苦。

第110招 武府坐命的人所能接受反對意見的寬容度為何？

接招應答：武府坐命的人，是外柔內剛，性格很固執，幾乎是冥頑不靈的人，表面上看起來很溫和，但是由於自傲與頑固的影響，是無法接受反對意見的。通常武府坐命的人都是以不理睬、不理會的方式來面對。嚴重時會生氣而說出重話。

第111招 武府坐命的人脾氣好壞及易爆點為何？

接招應答：武府坐命的人，通常都是一付好好先生的老好人形象、脾氣溫和有些懦弱，很少發脾氣，但是在某人對他有錢財不清楚，或是不以公平的方式對待他時，便會暴發怒氣了。很少發脾氣的人生了氣，其情形是有些嚇人的。武府坐命的人，對於沒有信用和錢財弄不清楚的人，是非常不能苟同的，從此也會在內心對此人做下不信任的標記，減少或斷絕與其來往。

第112招 怎樣說服武府坐命的人？

接招應答：武府坐命的人，大致還是坦白忠厚的人，只有命宮裡有擎羊星時其人較有心機。

要說服武府坐命的人，最好是不要與金錢有關的議題，若是你要他捐錢，則不太好談。除此之外，請他幫忙也不能讓他獨挑重責大任。懦弱怕事的性格，他也不會答應。其他的方面比較好商量，若請他幫忙做事，而不要當領導人、負責人，他是個很會操心，大小事都會管的很好的人，幫忙算帳也會算得一清二楚的，很負責任。

怎樣與武相坐命的人過招

第113招

怎樣從外型特徵找出武相坐命的人？

接招應答：身材中型略高，體型是胖胖大大的。其人的臉型是中等方帶圓形的臉型，眉形不是很整齊，但額頭高，眼睛大而清澈，一付忠厚老實相。人緣好，深得長輩的喜愛，性格是表面溫和、內心急躁的人。

第114招

武相坐命的人有那些特殊性格？

接招應答：武相坐命的人，表面溫和、但性急、剛直、坦白、沒有心機、對錢也有浪費的傾向。平常很懶，不太愛動，但真正工作時會很負責任，並且全力以赴。

做事也重視原則性、和技術性，尤其對於在人際關係的運用和協調方面非常有辦法。是一個既愛管事而又怕事的人，平常服務熱心，喜歡調解紛爭。一生有很多的好奇心，重視美食享受，具有幽默感和正義感。

第115招 武相坐命的人其內心思想模式為何？

接招應答：武相坐命的人，有強烈的主觀意識，有正義感，性格剛直、善惡之心很明顯，比較愛好個人享受，喜歡吃，一生努力的方向都在事業上。理財能力不好，但一生不愁衣食，生活很安定，因此對任何事都很看得開，可以達到協調和領導的能力，並實現部份正義感的理想。因此他們喜歡掌權。

第116招　武相坐命的人，其人生的價值觀為何？

接招應答：武相坐命的人，是有天相福星坐命的人，一生以吃穿享受為人生價值觀。武曲財星在『得地』剛合格的位置上，一生的財富是平順剛好夠充足的局面。在理財能力不是太好，又愛享福的情況下，此種人生價值觀是快樂而安享的。一生憂愁較少。

◎命宮中有武曲化權的人，喜歡政治掌權、愛地位、人生價值觀受『名利』的驅策很深。

◎命宮中有武曲化祿的人，愛錢、愛享受，人生價值觀以『賺錢』為目的。其他的時間愛享受。

◎命宮中有武曲化忌的人，金錢運不順，錢財上多是非困難，享受也較不好。若又是身命同宮的人，人生價值觀以『錢』為主，但痛苦不堪。

◎若身宮落在財帛宮的人，而財帛宮又有廉貞化忌時，其人生價值觀以『錢財』為主，會因賺錢的不法勾當而惹官非、入獄等事。

第117招 武相坐命的人所能接受反對意見的寬容度為何？

接招應答：武相坐命的人，有剛直和溫和的性格。剛直時在於正義感和主觀意識的抒發。在溫和的時候是熱心協調能容忍的時候，他們常常利用幽默感來化解激烈的反對意見。對於反對意見的寬容度也很高，但是因為主觀意識強，所以這些被寬容的反對意見都會被他暗地裡給消滅掉。

第118招 武相坐命的人脾氣好壞及易爆點為何？

接招應答：武相坐命的人，表面上看起來是好脾氣，不與人爭強鬥狠的人，一付乖乖牌的樣子，但私下裡脾氣並不好，因受對宮破軍的影響很大，但是脾氣快發快過，也會道歉認錯，也不記仇，其性格中有一部份破軍星善變的特點。

第119招 怎樣說服武相坐命的人？

接招應答：武相坐命的人，很能與其講理，分析事情輕重緩急，讓其判斷即可。武相坐命的人，很愛美食。因此用美食去攏絡他也是最好的方法。他們主觀意識重，在說服的過程裡不可強迫的方式，最好讓其經由自己的判斷而去下決定，他就會信守承諾做得很好。否則他們會很有辦法的把你用來說服他的說法，證明其沒有意義而毀滅掉。

怎樣與武貪坐命的人過招

第120招

怎樣從外型特徵找出武貪坐命的人？

接招應答：身材中等身型粗壯。而命宮中有『貪狼化忌』的人，則是瘦高身材，臉型是中等長方帶圓形的臉型。膚色白裡透青或黃黑黯色。有化忌在命宮的人，臉型瘦削。武貪坐命的人，氣質上都是陽剛氣重，威武十足的人。他們比較容易出現在軍警職，專業技能、生意人之中。

第121招

武貪坐命的人有那些特殊性格？

接招應答：武貪坐命的人，性格剛強、好鬥，有橫發格，一生有多次大起大落的機會，因此在性格上自信心強，特別頑固，不會接受別人的意見。武貪坐命的人話少，很會用心思想事情，勤快而勞心勞力。脾氣暴躁而剛硬，不願意別人插手或來管他，生性又很慳吝、小氣，活在自己的世界中。凡事靠自己，不會與別人商量。

第122招

武貪坐命的人其內心思想模式為何？

接招應答：武貪坐命的人，因為有橫發格，所以自認常有好運，別人都不如他，再加上也自認比較聰明，因此不會聽從別人的意見。做事獨斷獨行，有強悍的特質。只重視自己看到的、想到的、學到的東西。有其特別頑固的一面。他們是自己最大、人定勝天、不信邪，也從來不迷信的鐵齒之人，事業心強，愛掌權做主，不相信別人會比自己能力強。

第123招

武貪坐命的人，其人生的價值觀為何？

接招應答：武貪坐命的人，多半以『事業』的有無，為人生的價值觀。通常他們有暴發運，會在事業上暴發，也可能會暴發金錢。但他們為人吝嗇、言行剛正、不太會去購買彩票，走偏財運的路線，故以暴發在事業上的人為多。

◎命宮中有武曲化權、貪狼化權的人，喜愛權勢、地位、人生價值觀以『名利』為重。

◎命命中有武曲化祿、貪狼化祿的人，愛錢、人生價值以金錢、享受為重。

◎命宮中有武曲化忌或貪狼化忌的人，賺錢辛勞又愛錢。若再身命同宮，一生為金錢所奴役，人生價值觀還是以『錢』的多寡來做衡量的。

◎若身宮落在財帛宮，而財帛宮中又有廉貞化忌的人，會以不法的手段去賺錢、愛錢而惹官非獄事在所不惜。

第124招 武貪坐命的人所能接受反對意見的寬容度為何？

接招應答：武貪坐命的人，是一個不相信別人的能力與意見的人，性格頑固強悍、做事獨斷獨行，但是他們外緣很好（有化忌在命宮的人除外），除了對自家人很暴躁之外，對於交情淺的人，反而能應付一下，不會讓對方難堪。武貪坐命的人，只有在一個狀況下會接受反對意見，就是在受情勢所逼時，沒辦法了，他們也會變通，而接受反對意見。

第125招 武貪坐命的人脾氣好壞及易爆點為何？

接招應答：武貪坐命的人，脾氣很剛硬暴躁，凡事不信邪，也不會聽從別人的意見。對別人的態度也會有威武強悍的情形。事實上這些都是別人從外觀上對他們的印象。而他們在私下裡，有時也會有圓滑的手段，來減輕別人對他的畏懼。

武貪坐命的人，做事講求效率，因此不會和人說長道短、三姑六婆，他們以簡短、直接的方式和人交談，只要不觸及彼此利益的問題，一切都是在溫和的方式下進行的。

第126招 怎樣說服武貪坐命的人？

接招應答：武貪坐命的人，要說服是有一點困難度的。因為他們對於金錢問題比較吝嗇小氣，要他出錢很難。不過他們對於自覺是必要的支出，是非常懂規矩而守信用的。因此武貪坐命的人，若能開出支票，就必然會對現。倘若沒對現，其內心的煎熬無以倫比，始終耿耿於懷，會記上一輩子。

其他的事物方面，你必須有高強專業的知識做後盾及理由。武貪坐命的人很尊重專業人士，在某方面比他強，讓他服氣的人，就是最能說服他的人。

武貪坐命的人，凡事要衡量利弊得失，你若能將問題以科學數據的方式精算研究出來給他看，讓他相信你，他也可被你說服。

怎樣與武殺坐命的人過招

第127招

怎樣從外型特徵找出武殺坐命的人？

接招應答：身材中等矮壯，肩背厚寬，通常是胖胖壯壯的。臉型圓方，類似『田』字臉，腮骨明顯。眼睛大大的，瞳仁也很大，皮膚較粗，黑黑黃黃的。形態粗壯。表面表情剛毅堅強，好像很會拼命似的。平常話少，做事很拚命。外傷很多，有破相。看起來不很聰明，但是有苦幹的精神，所做的工作都很辛苦，是付出勞力的人。

第128招

武殺坐命的人有那些特殊性格？

接招應答：武殺坐命的人，性格與思想都很頑固，有時更有古怪的想法。處事時會有斬釘截鐵的方式。若與別人相爭，有與石俱焚的想法，動不動就想與人拼命。好勝心強，不願意認輸。凡事都愛恨分明，是敢愛敢恨之人。愛人的時候，願意赴湯蹈火。恨人的時候，會與其拼命。武殺坐命的人，常會因錢財問題和別人有衝突。命宮裡有羊刃，再行經有巨門的年運、月運時，會因錢財問題憤而殺人或自殺。

第129招

武殺坐命的人其內心思想模式為何？

接招應答：武殺坐命的人，思想很直接，比較不會轉彎抹角。直接感受到別人對他好，他就也以傾心以待。若感覺別人對他不好，他也不理會對方。但若受到陷害誣蔑，這是他極端不能忍受的事，一定會找對方理論。武殺坐命的人，都很嘴拙，吵架也吵不過別人，因此動氣時，常以武力解決，其內思想的模式是正直、剛強，絲毫不能受屈侮的方式。做事多做、辛苦，都是難不到他的事，但是不能冤枉他，對他造謠生事，這便是他不能忍受，而要拚命了。

第130招

武殺坐命的人，其人生的價值觀為何？

接招應答：武殺坐命的人，因為命格中的財星居於平陷的位置，而又有殺星助權的結果，做事很辛苦，有權而無錢。其人生價值觀為以事業的高低來衡量自己的人生價值觀。

◎命宮中有武曲化權的人，能掌實權，重視名利，人生價值觀以『名利』為主。

◎命宮中有武曲化祿的人，因財星不強，化祿只徒增人緣和享受而已。人生的價值觀以『享受』為主。

◎命宮中有武曲化忌的人，一生為錢所困擾，金錢運差。身命同宮的人逢此，人生價值觀因錢而混亂。

◎身宮落在財帛宮的人，很愛錢。但武殺坐命的人，財帛宮為廉貪，一生財運差。若再有廉貞化忌或貪狼化忌在財帛宮，會為錢挺而走險，而有牢獄之災，或是遭人在金錢上詐騙或劫財。

第131招

武殺坐命的人所能接受反對意見的寬容度為何？

接招應答：武殺坐命的人，一般的學識程度很普通，並不高。他們尊重專業的人士，對於反對意見很能接受改進。只要這些反對意見不是在對他做人身攻擊，或讓他有屈辱的感覺時，他對反對意見的接受度很高。並可以配合改進，是一個有誠心接受反對意見的人。

第132招

武殺坐命的人脾氣好壞及易爆點為何？

接招應答：武殺坐命的人，平常是好脾氣，好講話的老好人，臉上有剛毅威武的表情，臉臭臭的。但是正直、善良，你會很驚訝他有許多的雅量，對於金錢也沒有概念，大方得有些浪費。但是當他有一大筆錢，或是其錢成為財產時，他便變得小氣了。而且當他們有大錢被人騙或侵吞時，就會與人拼命，他們並不是因隨便的小錢受到傷害就與人拼命的。

武殺坐命的人，在受到冤枉和陷害時，會爆發脾氣與石俱焚。脾氣爆發後，其後果很嚴重恐怖。

第133招

怎樣說服武殺坐命的人？

接招應答：武殺坐命的人，脾氣很直、很硬，表面看來不好說服。但是他們注重專業人士的意見，並且很信服他們，請專業人士為其解說即可。

武殺坐命的人，不喜歡別人用迂迴的方式來欺騙他，一但讓他發覺對方的不誠實行為，便再也無法說服他們。

武殺坐命的人，特別重視別人的人格信用和錢財信用的問題，因為他們都是用勞力、體力所賺的辛苦錢，也不相信能夠不勞而獲的事情，因此他佩服行為和人格都正派的人物。由此種人物對他們進行說服工作，是立即可成的。

怎樣與武破坐命的人過招

第134招

怎樣從外型特徵找出武破坐命的人？

接招應答：武破坐命的人，中等身材，有的人略矮、瘦型，骨節很突出，形態粗壯。臉型是中等、方形帶圓的臉型，顴骨、腮骨很明顯。行為舉止豪放粗俗，一臉蠻不在乎的表情。為人大膽、敢說敢做、喜歡冒險、形態很似勞工階級的人。臉上有破相傷痕，也可能有麻臉、坑洞的現象。嘴巴大、眼睛大、鼻樑低陷，有的人也會鼻孔露出。

第135招 武破坐命的人有那些特殊性格？

接招應答：武破坐命的人，因為武曲財星居陷，破軍也在平陷之位。因此性格剛直，有些火爆、在言詞上較狂妄，容易得罪別人，常常反反覆覆，給人無常的感覺。他們膽大包天，好勝心強，非常有幹勁，喜歡表現自己的勇氣、與敢愛敢恨的氣魄。但並不是一個真正講義氣的人，私心重，記恨報復的心態隨時可見。做事敢拼命，喜歡孤注一擲、不計後果、冒險犯難的性格顯露無遺。

第136招 武破坐命的人其內心思想模式為何？

接招應答：武破坐命的人，一生中都喜歡做危險的工作，他們在財運上不佳，一生起起伏伏、勞碌奔波，也常沒有固定的工作。為人只是以英雄主義崇拜的方式在過活。又喜歡成為眾人目光的交點，因此不斷在與冒險的事物打交道。雖然經歷許多傷災和困苦，但仍是不改好勝不服輸的性格。在經歷冒險活動之後，會以享受吃喝來平衡內心的空虛感。他們對人雖然充滿疑惑的態度，但思想層次不高，很容易被人利用。

第137招 武破坐命的人，其人生的價值觀為何？

接招應答：武破坐命的人，一生都在膽大妄為、英雄主義的自我誇張式的生活下過活，表面看起來，好像他們是以『義氣』做為人生的價值觀。其實不然，再英雄的人物還是要以金錢來換取生活的。武破坐命的人，命格中財星與耗星皆居平陷之位，得財不易，破耗又太多，實際上是生活辛苦的，但是他們有剛強的意志力，硬撐起英雄氣慨的場面來，這麼辛苦的去賺錢生活，當然還是為了一個『錢』字。人生觀也是以『錢』為主的模式。

◎武破坐命的人，命宮中有破軍化權或武曲化權的人，對權勢與地位雖然慾望高，但只會流於食古不化。一生所追求的是虛名與虛利。

◎武破坐命的人，命宮中有武曲化祿或破軍化祿的人，人生的價值觀雖以『金錢』為本位，因武破皆居平陷之位。徒勞而無功。

◎武破坐命的人，若命中有武曲化忌，或者是財帛宮中有廉貞化忌的人，愛錢但受錢財的困擾多。尤其是財帛宮中有廉貞化忌的人，會因拼命賺錢、不擇手段而惹官獄禍。

第138招

武破坐命的人所能接受反對意見的寬容度為何？

接招應答：武破坐命的人，內心思想反覆覆的，看起來很能接受反對意見。因為一切的事物在他們的眼裡變化都很快，其實接不接受都沒關係，反正過一會兒他也可能把反對意見再翻過來，只要對自己有利就好了。

第139招

武破坐命的人脾氣好壞及易爆點為何？

接招應答：武破坐命的人，脾氣是火辣辣的，生氣時十分火爆並且有暴力傾向。有與人玉石俱焚之念，可是不好惹。命宮中再有陀羅星的人，更是殘暴無比，讓人望而生畏。他們在不生氣的時候，也讓人有真真假假摸不清楚的樣子。情緒好時，便和人大口喝酒，稱兄道弟。情緒差時，也不在乎與眾人為敵。雖然家人都很溫和，但六親無緣，也很少與家人來往。

第140招 怎樣說服武破坐命的人？

接招應答：武破坐命的人，是膽子特別大，天不怕、地不怕的人，凡事也不信邪，很少有事會讓他擔心的。但是武破坐命的人一生都金錢起伏不定，所能賺到的錢又少又必需很辛苦的才能得到。他們對於錢財的運用上又不得法，始終處在拮据的狀況裡。因此他們一生中比較有興趣的事就是賺錢了！拼了命去賺，再為了享受而花掉。如果要說服武破坐命的人，『重賞之下必有勇夫』，就是他們最好的寫照了，其他的道理都將會變得是空談無用。

怎樣與天同坐命的人過招

第141招

怎樣從外型特徵找出天同坐命的人？

接招應答：身材中等，命宮在巳宮或亥宮的人是中等略胖大的身材，也有些甚至很肥胖。命宮在『卯』、『酉』、『辰』、『戌』宮的人，中等身材，較瘦一點。天同坐命的人都是膚色白皙、相貌端正、眉清目秀、身材豐滿的類型。性格非常溫和，像是沒有一點脾氣。其臉型多半是長方形，或有長方帶圓形的臉型、或是圓方型的臉型。態度有些懶散，做事也不太積極，溫和謙虛，沒有積極和競爭的心態。

第142招 天同坐命的人有那些特殊性格？

接招應答：天同坐命的人，心地很善良，思想行動都很緩慢，比較懶散，容易形成遊手好閒的人。對人的態度是個好好先生，不喜歡出意見，也不喜歡得罪人，溫和謙虛的對人，每天很快樂的過日子。其人也不喜歡與人競爭，做事沒有開創心和積極的態度，比較喜歡享樂。凡事也不計較，對別人很寬容。有天同化祿在命宮的人更喜歡享樂。命宮在『酉』宮或『戌』宮的人為『日月反背』的格局，比較會操勞奔波，但是本性裡還是積極性不夠的人。有擎羊星在命宮的人比較會有激勵作用，但性格上也比較怪異陰險。

第143招

天同坐命的人其內心思想模式為何？

接招應答：天同坐命的人，有世界大同的理想，不喜歡得罪人，希望天天過平靜快樂的日子。為人較懶，不愛動、命好、常有別人來幫助他，因此他們也懶得動腦子，思想很單純而慈善，很有同情心，想事情很直接，不會轉彎抹角。也不喜與人競爭，因此很少會樹敵。一生都喜歡安然享受，別人最好少來麻煩他。他們有時明知平和的人際關係和生活是假相，但是也不願破壞它，心態很懦弱鄉愿。

第144招

天同坐命的人，其人生的價值觀為何？

接招應答：天同坐命的人，是福星坐命的人，一生對事業、金錢都沒有衝勁，人生價值觀是以平和、享受，可以過得去就好了，是一種知足常樂的人生價值觀。

◎天同坐命，命宮中有化權星的人，對名利、權勢稍有居心，生活態度上也會較積極一點。

◎天同坐命，命宮中有化祿星的人，愛錢多一點，但人生價值觀仍是以享福、享受為主。

◎天同坐命，命宮中有擎羊或陀羅的人，福不全，什麼都想要。權勢、地位，享受都想得到，卻什麼都不見得容易得到。

第145招 天同坐命的人所能接受反對意見的寬容度為何？

接招應答：天同坐命的人，非常能接受別人的反對意見。事實上他們常對自己沒信心，總覺得別人都比自己好。看起來好像有一點自卑感似的。其實不然，那是因為他們天性單純而又有些懶散，對於別人提出的反對意見，會讓他們覺得心慌，繼而想快快與對方回復以前的平和相處。因此當別人提出反對意見時，他什麼都答應，毫不願意反駁。甚至於自己做不做得到，他並沒有考慮過，只是急著應付眼前的困窘而已。

第146招 天同坐命的人脾氣好壞及易爆點為何？

接招應答：天同坐命的人，太溫和了！近似有些懦弱。就算是別人欺侮他，他也跟人吵不起來，而願意自己吃點虧而天下太平就好了。

第147招 怎樣說服天同坐命的人？

接招應答：天同坐命的人，很好講話，和他講通的方式用直接告訴他的方式就可以了。他們一向單純、善良、沒有主見、非常聽話，幾乎是沒有問題的服從。

另一種方式就是利用天同坐命的人，天生稟賦的慈善心，以『情理』打動他，或以弱小可憐的事跡向他傾訴博取同情，他一定會感動得陪你一把眼淚一把鼻涕的完全同情你的說法，而被你說服了。

怎樣與同陰坐命的人過招

第148招

怎樣從外型特徵找出同陰坐命的人？

接招應答：中等身材，外型豐滿，身材好。氣質文質彬彬，很有陰柔之美。臉型是長圓型的鵝蛋臉型，身體與手足的骨架細緻。長相柔美，男性是文弱書生型，女子是豐滿的美女型人物。都極具人緣及異性緣。性格是溫柔體貼的人。眼睛大、黑白分明、輪廓深而俊美。

第149招

同陰坐命的人有那些特殊性格？

接招應答：同陰坐命的人，性格溫柔體貼。男性也深具柔軟的性格，是外柔內剛的人。性子急，但態度文雅，不會說粗話。所從事的工作也一定是與文職有關的行業。通常他們比較愛用腦子，凡事都會有一點心機，謹言慎行，適合做官職。也容易得女子之助而成功。此命的女子，是女人中的女人，容易有婚外情。

同陰坐命的人，都喜歡享受，態度在懶散中，又中規中矩的做事。不喜歡惹事，外緣很好，異性緣更佳。

第150招

同陰坐命的人其內心思想模式為何？

接招應答：同陰坐命的人，其人是有一點外柔內剛的性格，又喜歡享受，所以不喜歡招惹不快的事物。他們比天同坐命的人聰明些，又常常可運用這些聰明來幫助自己在名利上求發展。普通他們所選擇的工作和所要負的責任，一定是清高而中規中矩的工作和責任，大事業和大責任他們是不願意做的，以免多生枝節，招來麻煩。

第151招 同陰坐命的人，其人生的價值觀為何？

接招應答：同陰坐命的人，是福星與財星同坐命宮的人。人生價值觀是以『溫和安享』為主的。一生以清高的文職事業為職志。

◎命宮中有天同化權或太陰化權的人，對名利的需求會多一點。

◎命宮中有天同化祿或太陰化祿的人，較愛享受又愛錢。

◎命宮中有太陰化忌的人，財運與享受都不佳。若身宮再落於財帛宮或者是身命同宮的人，都會因錢財困擾，一生心緒不安寧。

第152招 同陰坐命的人所能接受反對意見的寬容度為何？

接招應答：同陰坐命的人，表面上可以接受反對意見。因為他是外柔內剛的人，所以在事後再經過他的思考、利弊得失、有時又會提出不能接受的意見。不過他們也是看起來好脾氣的人，只要用溫和的態度解釋，而不能用疾言厲色以對的，否則有反效果。

第153招 同陰坐命的人脾氣好壞及易爆點為何？

接招應答：同陰坐命的人全都是溫和穩重謙恭的人，脾氣很好，但外柔內剛，有自己的執著點，為人正派，思想清正。只是在遇到感情問題時較複雜，而且因為桃花緣份太多，情難自禁。很多桃花因子也會成為幫助他們成功的重大原因。可以少奮鬥十年。女子溫柔多情易成為小老婆、第三者。

命宮中有同陰加擎羊星的人，為人較奸詐。尤其命宮在午宮的人，脾氣較壞，衝動暴躁、威武，其人個子小但智謀陰毒，可在戰場上立功。因此此命格稱為『

馬頭帶箭』格。

第154招 怎樣說服同陰坐命的人？

接招應答：同陰坐命的人，外表溫和、有禮，也很喜歡講理。但是通常要去說服別人的一定是會使對方為難的事，因為在不能確定對方會不會答應前，必需先考慮下列事項：

同陰坐命的人，思想是清正廉明的人。外柔內剛、白淨淨、話少、長相美麗，因為他們桃花重、異性緣好，最好的方式就是由異性及外型美麗的人去和他們溝通，這樣會有意想不到的好結果，說不定他還會殷勤相助，做得更好。

命宮中有羊刃的人比較難纏，要去說服的人選更要多一項條件，就是一、異性；二、美貌者；三、聰明機巧者。

怎樣與同巨坐命的人過招

第155招

怎樣從外型特徵找出同巨坐命的人?

接招應答：中等略矮身材，大部份是身材嬌小豐滿的人，臉型是短方型，類似『田』字型臉型，臉上多雀斑、痣和斑痕，膚色較黃黑、皮膚粗，不似一般天同坐命的人細緻。臉有破相、身體常受傷。嘴巴大，與人常有是非口舌之爭。容易犯小人，心境不清靜，常自找麻煩。命宮中有羊陀、火鈴的人，情況更嚴重，與家人、朋友寡合。

第156招

同巨坐命的人有那些特殊性格？

接招應答：同巨坐命的人，表面看起來溫和，但情緒善變，對人疑神疑鬼，是非很多，也喜歡自找麻煩，多惹是非讓自己忙碌操勞於是非之中。同巨坐命的人，一生沒有大志向，也不喜歡負責任，多半是遊手好閒的人，玩樂享福，挑剔別人，喜歡佔小便宜。

第157招

同巨坐命的人其內心思想模式為何？

接招應答：同巨坐命的人是一個喜歡投機取巧的人，常自認聰明、喜歡設計別人，或與別人較量一下小聰明，但他們從來不會在正事上多用心，也不願意付出心力與勞力去求上進，或者是在事業上去發展。他們一生都沒有事業，也常沒有固定工作，只是靠家人的財力在生活，因此他們在設想事情的時候，只是注重眼前的利益，只要目前佔了便宜就好，是不會想到長遠或好不好意思的事，常讓家人朋友頭痛。

第158招 同巨坐命的人，其人生的價值觀為何？

接招應答：同巨坐命的人，一生都投機取巧，自做聰明，沒有遠大的志向，也不願付出心力、勞力在工作上。其人生價值觀以『享樂』、『自私』為主。要達成享樂自肥目的，當然以『金錢』最為有用，因此他們愛錢如命，貪財、重視眼前的利益，任何小便宜都不放過。

◎命宮中有巨門化權和巨門化祿、天同化權、天同化祿的人，都是貪財好利的享樂主義者，人生價值觀以『金錢』為主要衡量工具。但一生財運並不會很好，也無法因此而大富大貴。

◎身宮落在財帛宮的人，嗜財如命，就算有火星、鈴宮入宮，有一點小偏財運，其人生格局原本就不高，也不會有大富貴出現的。

第159招

同巨坐命的人所能接受反對意見的寬容度為何？

接招應答：同巨坐命的人，沒有求上進的心，喜歡自作聰明，不喜歡學習有用的知識，因為他們自覺學問無用。他們內心非常頑固，不願意接受反對意見。常以此做為扯是非的另一個題目。把事情愈弄愈混亂、吵得不可開交。

第160招

同巨坐命的人脾氣好壞及易爆點為何？

接招應答：同巨坐命的人，表面上很溫和，說話的聲音很軟弱，似乎是個好脾氣的人，但是隱藏在表面之下，卻是個易暴躁的性格，品行也是小奸小詐型的，常把小事化大，惟恐天下不亂，愈亂亂好，可從中得利。有時候從外表很難想像他就是那個挑撥是非的人。

第161招 怎樣說服同巨坐命的人？

接招應答：同巨坐命的人，喜歡享樂，重視眼前利益，沒有大志，也沒有大是大非的觀念，只要給他一點小小的好處，就能讓他高興半天的了。因此說服他們很容易。只不過他們仍有貪心的餘念，討價還價便可談成。

怎樣與同梁坐命的人過招

第162招

怎樣從外型特徵找出同梁坐命的人？

接招應答：中等身材略矮，臉型是短方型，『田』字形的臉型。外表溫和、好心、話多。擅於外交和掩飾自己。喜歡說話嘮叨及照顧別人。內心有自己的硬脾氣，並且有虔誠的信仰，眉目清秀、端正，對別人很熱心，似乎很會服務人群的樣子。

命宮中有陀羅的人，容易有斜視和耳聾毛病的問題。

第163招 同梁坐命的人有那些特殊性格？

接招應答：同梁坐命的人，表面上看似很溫和、慈善，喜歡照顧和服務人群，忙來忙去都忙碌的是別人家的事。而私下裡是固執而脾氣較硬的人，不喜歡別人用強硬的手段要他做這做那。他們非常愛面子，交遊廣闊，在外面是一付老好人的面孔，喜歡照料與他稱兄道弟的自己人，有江湖大哥的習性。但真正做他的家人卻並不幸福，並沒法子被照顧到。他通常在外忙碌，顧不到自家人。一生裡忙東忙西，勞碌奔波、起起伏伏，尤其中年運程很差，容易牢騷滿腹，廢話更多。

第164招 同梁坐命的人其內心思想模式為何？

接招應答：同梁坐命的人，其內心都有善良的因子，除了命宮有陀羅星的人，脾氣較古怪之外，其他的人，都喜歡在外表上表現出快樂、慈善的面貌。並且會與宗教接近，在宗教性的場所活動。他們常以好心的服務性質來表達自己的慈善面。他們喜歡結交權貴來增長自己的地位。擅於利用人際關係往上爬，不會用心在自身的充實與努力上，外觀看起來，是屬於做人較不實在的人。

第165招 同梁坐命的人，其人生的價值觀為何？

接招應答：同梁坐命的人，表面看起來很喜歡搞人際關係，好像對事業很賣力，在為事業做準備工作。在真實的內心裡，他們是喜歡熱鬧、衝力不夠的人。其個人私下裡的人生價值觀是以『享受』、『無為』，做為最高人生指標。但是他很害怕別人知道他很懶，沒有上進心，因此每日必須很忙，這才顯得有出息。

◎命宮中有天梁化權或天同化權的人，對權勢、地位有興趣。人生價值觀以此為歸依。

◎命宮中有天同化祿和天梁化祿的人，對金錢、享受有偏好，特別愛享受和愛錢，人生價值觀也是如此。

◎身宮落在財帛宮的人，以命坐『寅宮』的人，愛錢又能得到金錢及享受。命坐申宮的人，會愛錢又缺錢，內心受煎熬，為錢所苦。

第166招

同梁坐命的人所能接受反對意見的寬容度為何？

接招應答：同梁坐命的人，表面上很溫和，但實際是固執而霸道的人，脾氣很硬。根本很難接受反對意見。他一定要照他的方法去做事，縱然是笨的、錯的方式，他也要經過一次次的錯敗之後再醒悟，做事方式是慢半拍的人。其人的腦筋也是轉不過彎來的人。

第167招 同梁坐命的人脾氣好壞及易爆點為何？

接招應答：同梁坐命的人，表面看起來溫和，好像很少發脾氣，心裡不愉快時，喜歡嘮叨個不停，牢騷很多。但他在面對自家人或太熟的朋友時，其脾氣並不好，暴躁、霸道、不講理，凡事都要聽他的，喜歡指使家人，簡直變了一個人似的，因此和家人的關係都不太好。他也喜歡用另一種面貌在外面闖蕩而不喜歡回家。

第168招 怎樣說服同梁坐命的人？

接招應答：同梁坐命的人是頑固而又愛面子的人。說服他們會因你與他們的關係不同而有變化。一種是：你與他不太熟悉時，你可以動之以情，言之以理的直接去說服他，最好用慈善名義的大帽子給他戴。基於做善事、有善名，為了愛面子他也會答應而被說服。另一種是：你是他的家人或親近熟悉的人。凡事已經知己知彼的摸清彼此的脾氣了，他當然有話直說，頑固得可以，硬是沒有商量的餘地時，你可以請比他年長而又為他尊敬的大哥、大姐級的友人代為相勸說服。其中以女性的說服者及金錢的說服力道最佳。同梁坐命的人，一生波折，財運不是很好，但與女性關係圓融，再上愛錢的本性，自尊心又強，善於掩飾，因此最好的說服條件就是女性與金錢了。

怎樣與廉貞坐命的人過招

第169招

怎樣從外型特徵找出廉貞坐命的人？

接招應答：中等身材、身體壯碩、背厚、肩寬。臉型是中等方型（甲字型）額頭寬闊的臉型。顴骨很高，眉毛寬、嘴型橫寬常緊閉、眼睛大。平常是沈穩不多話的人，但說起話來，能言善辯，膚色為黃黑帶紅色，中年以後臉上會出現凹坑瘤子。

第170招

廉貞坐命的人有那些特殊性格？

接招應答：廉貞坐命的人是性格固執而剛強的人，做事很有衝勁，肯辛苦奮鬥，事業心極重。做人很有心機，凡事喜歡縝密的計劃而實行，做事常會暗地裡行動，做一些秘密的事情，主觀性很強，喜歡控制周遭的人、事、物。平常態度沈穩、能言善辯、喜歡以計謀成事，性剛強而好打官司。也容易受官非之累。

廉貞坐命的人，對於升官發財的事有特別的喜好，愛爭，因此喜歡爭權奪利。很能吃苦，口才及外交才能都不錯，喜歡拍馬屁。

命宮中有陀羅星的人，會與對宮形成廉貪陀『風流彩杖』格。是為風流好色、破財、喪生、一生為酒色所累，沒有成就之人。

第171招

廉貞坐命的人其內心思想模式為何？

接招應答：廉貞坐命的人，性格剛硬固執，對於升官發財之事有特別強烈的企圖心。喜歡掌權、搶地位。每日用心的所在也在『名利』之上。常常會日思月想，精心籌劃的去爭取。也常會在暗地裡做一些動作抑制對方，來幫助自己。有時廉貞坐命的人，有報復的心態會暗地裡整人。其人脾氣很硬，不會道歉，或承認錯誤。萬一他道了歉，或自己承認了錯誤，也並不代表他內心會真的後悔了。反而要小心他下一步的行動，可能是更具傷害力的暗地動作了。

第172招

廉貞坐命的人，其人生的價值觀為何？

接招應答：廉貞坐命的人，其人生價值觀中首重權勢、地位。金錢、名利之心非常重。

◎命宮對宮有貪狼化權的人，喜愛權利鬥爭，人生價值觀以『權勢』為主。

◎命宮中有廉貞化祿的人，人生觀以精神享受或好色為主。

◎身宮落在財帛宮或者財帛宮中有紫微化權的人，愛錢、好財富之爭，所累積的財富也多。

◎命宮中有廉貞化忌的人，情緒不穩定，思想混亂，想要什麼，什麼就得不到。沒有確實的人生價值觀，很多時候是以『錢財』問題而惹官非牢獄之災。

第173招 廉貞坐命的人所能接受反對意見的寬容度為何？

接招應答：廉貞坐命的人，脾氣硬，不會接受別人的反對意見。但表面上他們都是裝做善於接納的樣子，有時候他們也會虛應故事一番，內心裡還是不以為然的。

廉貞坐命的人，只有在升官、發財兩莊事上最能接受別人的意見，他們也肯長期投資於人脈的建立上，等到有朝一日可用時，便會明白的告知對方，並要求其忠誠度。

第174招 廉貞坐命的人脾氣好壞及易爆點為何？

接招應答：廉貞坐命的人，主觀強，脾氣硬，易爆躁，但有些陰沈，他們會視情況而爆發脾氣。若是對自己不利的情況，他們也可以隱忍，等到以後再暗地裡報復，因此其脾氣的易爆點有時很強，有時卻不見爆發。你千萬別以為佔了上風就沒事了，可怕的事還在後面哪！

第175招 怎樣說服廉貞坐命的人？

接招應答：廉貞坐命的人，很重際的利益，倘若實際利益對自己有利，他是可以等待，放長線釣大魚的。你若要說服他，便要做出實際可得利益的研究報告，標明利益在何時可回收，以及風險度、計劃表、經過程序等項目。

廉貞坐命的人喜歡用腦子、用心計。有價值的計謀，在他們來說是最佩服的事。他們一向也自許聰明過人，很不喜歡懦弱、失敗的人。因此強勢的、有權利的、善鬥爭的、有計謀、會策劃的人是他們最尊敬的人，同時也是善於說服他的人。

怎樣與廉府坐命的人過招

第176招

怎樣從外型特徵找出廉府坐命的人？

接招應答：中等略高的身材，膚色較白，臉型是長圓帶方型的臉型。通常下巴比較方。眉寬顴骨高、眼睛秀麗、嘴大緊閉、態度沈穩，少言慎行，但外交手腕很好。體型男性是壯碩的身材、女性較秀氣一點，但也是骨架大的人。

第177招

廉府坐命的人有那些特殊性格？

接招應答：廉府坐命的人，態度穩重、很靜，不太愛講話，多半會聽別人講，而在內心做反複的思考。他們做人很謹慎，事實上內心非常小氣。對一切事物都很小氣，但是廉府坐命的人很有外交手腕，他們也喜歡升官、發財的事情，因此在交際中也有破耗錢財的問題。他們心中也會斤斤計較，一定會把自己所付出的代價討回來。

第178招 廉府坐命的人其內心思想模式為何？

接招應答：廉府坐命的人，其人的內心思想模式是一種自私自利型的形式，一切對自己有利的事情，他都有與趣參與。其人又喜歡升官發財之事，好名好利。又會分析計較，從不肯吃虧。他一切的交際手腕、與人為善的相處方式也都是有計劃的去實行而達自肥的模式。但是廉府坐命的人並不是真正很聰明的人，『偷雞不著蝕把米』的狀況時常發生，讓其扼腕。

第179招

廉府坐命的人，其人生的價值觀為何？

接招應答：廉府坐命的人，其人生價值觀是『人不為己，天誅地滅』的方式。凡事都為自已的利益著想。無論是權勢、地位、金錢，他統統想要，而且貪得無厭，樂此不疲。

◎廉府坐命的人，命宮中有廉貞化祿的人，愛享受、愛錢，也比較好色。人生價值觀以金錢為主。

◎身宮落在事業宮的人，愛事業也愛錢財。身宮落在財帛宮的人，愛財如命。若財帛宮再有紫微化權，會因權勢的增加而得錢財。

◎命宮中有廉貞化忌的人，愛錢而頭腦不清，人生價值觀會扭曲，會因錢財問題惹官非獄事。

第180招 廉府坐命的人所能接受反對意見的寬容度為何？

接招應答：廉府坐命的人，也是固執剛強的人，為人自傲、主觀，沒法子接受反對意見。他們常裝做沒聽見或沒看見，以躲避反對意見。尤其是有關於他自身利益的反對意見時，他更是故做太平狀，以期壓倒反對的對方。

第181招 廉府坐命的人脾氣好壞及易爆點為何？

接招應答：廉府坐命的人，脾氣是自傲而暴躁的性格，常等了一會兒才爆發，凡事都慢半拍。有時你得罪了他，而他當時沒有立即爆發的話，並不代表事情已經過去了。相反的，隔了幾個鐘頭或一、兩天，你就會嚐到他暴躁的脾氣了。他們也會打人動粗，也會暗地裡報復，情況不一。

第182招 怎樣說服廉府坐命的人？

接招應答：廉府坐命的人，是小氣計較的人，要說服他們，你必須要有『既要馬兒好，又要馬兒不吃草』的本領。他們才會心悅臣服。因此首先要具有三寸不爛之舌──口才。其次就是多端的詭計──聰明。第三就是要曾經立過汗馬功勞的人，也就是要有功勞實績的人，才容易說服他。

怎樣與廉相坐命的人過招

第183招

怎樣從外型特徵找出廉相坐命的人？

接招應答：中等身材，壯而不肥，臉型是中等長方帶圓型的臉型。膚色黃中帶白。眉型寬、眼大，嘴橫寬、緊閉。少言慎行。態度穩重，為人高傲，但膽子小，做事謹慎而負責，通常會在公家機關及金融機構等地方任職。

第184招

廉相坐命的人有那些特殊性格？

接招應答：廉相坐命的人，態度謹慎、話少，為人高傲、不太理會人。平常即膽小如鼠，不太願意負責任。但他們通常會做到管理階級的人，因此為人就會變得刻薄，與人寡合。對屬下嚴厲，而且沒有好的態度了。

有擎羊星在命宮的人，為人陰險狡詐不實在。是『刑囚夾印』的命格，容易盜竊公款或做不法之事而遭刑獄。若是有多顆桃花星照合的人，會桃花官司不斷。為人好色而陰險。

第185招

廉相坐命的人，其人生的價值觀為何？

接招應答：廉相坐命的人，是囚星與福星同坐命宮的人，內心膽小謹慎，有自己剋自己的煩惱。其人生價值觀是以保守、自私、享受為主的觀念。因廉貞居平陷之位，不太愛爭，只管享福為重了。

◎命宮中有廉貞化祿的人，特別喜歡精神上的享受，人生觀也以享受、好色為主。

◎身宮落在財帛宮的人，嗜財如命。財帛宮再有紫微化權的人，更能實際掌握金錢及自身的享受。

◎身宮落在事業宮的人，重視事業，更愛錢財。事業宮再有武曲化權或武曲化祿的人，在事業上會爆發旺運而得大錢財。人生的價值觀以權勢、金錢為主。

◎命宮中有廉貞化忌的人，會因頭腦不清，而惹官非，人生價值觀以錢為主。

第186招

廉相坐命的人其內心思想模式為何？

接招應答：廉相坐命的人，內心膽小，不喜歡惹麻煩，因此也不願意負責任。但是他們平常還是會像一個老好人一樣勤勤奮奮的做自己份內的工作，他們表面上沈默寡言，好像常在思考用腦子。但是智慧只是普通一般人的低水平，創造感與機智的分數都不高。因此他們只好一步一腳印、按步就班的來做事，其態度與思想都是平實的層面。

第187招 廉相坐命的人所能接受反對意見的寬容度為何？

接招應答：廉相坐命的人，是非常頑固而又高傲的人，為人很陰沈，不願意接受他人的反對意見。如果是長官在工作上的意見，若是命令式的，他則不得不接受，廉相坐命的人容易有服從的本能。但如果是勸導式的，或是商談協調式的，他則根本不接受或不理會，下屬若有反對意見時，他會不理會，或顯露暴躁的性格出來。

第188招 廉相坐命的人脾氣好壞及易爆點為何？

接招應答：廉相坐命的人，表面上脾氣溫和、沈默。但內在個性暴躁，脾氣不算好。不喜歡別人批評他，也不喜歡加入別人的是非當中，很能明哲保身，享受自已清閒的樂趣。但事實上他們又是享不到福而必須忙碌之人。做事很負責任（只要不要他擔當大責任即可）。

第189招 怎樣說服廉相坐命的人？

接招應答：要說服廉相坐命的人，最主要的方式是要把說服的內容變成他理所當然工作的一部份。也就是要把事情弄成為他應當工作的其中之一，既是他該做的事，他就必定會做好。因為他是一個一板一眼的人。另一種方式就是以長官下命令的方式，要他確實去實行，他會免為其難的去做。

怎樣與廉殺坐命的人過招

第190招

怎樣從外型特徵找出廉殺坐命的人？

接招應答：身材中等略矮，身型較瘦，臉型是中等長方型腮骨明顯的臉型，有部份的人下巴略尖。膚色黃中帶青。眉寬、嘴大，顴骨高，眼大漂亮，瞳仁很大。態度沈穩、做事很有衝勁。為人較節儉，很能吃苦耐勞，不容易有抱怨聲。性格堅強、衝動。

第191招

廉殺坐命的人有那些特殊性格？

接招應答：廉殺坐命的人，性格堅強，吃苦耐勞，為人節儉，很肯苦幹實幹。體力付出很多，也不計較，很會存錢。

平常的時候，廉殺坐命的人就很會胡思亂想。但他們胡思亂想困擾自己的時候比較多，影響別人比較少。命宮中有廉貞化忌的人，更是頭腦不清楚的人，也可能發生傷殘之事。

第192招

廉殺坐命的人其內心思想模式為何？

接招應答：廉殺坐命的人，個性強、不肯服輸，寧願一個人埋頭苦幹，不太會去求別人幫助。他們在思想上常有死角出現，對一件事老是想不通，要過很久才能明白其中的道理，因此不算是靈光的人。雖然他們很愛胡思亂想，但想的多半是雞毛蒜皮的小事，很少會想得很遠，或者是身懷大志的事業。所以他們常實事求是只負責身邊的事情就好，不會好高騖遠去說些大話來騙人。其內心思想模式是一板一眼的，忠實的完成目前的任務即可，不可以給他太多的責任或工作項目，否則他會很緊張的做不好了。

第193招 廉殺坐命的人，其人生的價值觀為何？

接招應答：廉殺坐命的人，有頑固的思想和崇高的人生價值觀，他們對錢並不特別的看重，他們看重的是一種自我表現的能力。這樣說起來好像有點怪，因廉殺坐命的人，其事業宮為武破，在巳宮皆居平陷之位，似乎並不高超。那又要如何表現呢？

廉殺坐命的人，通常都有家財（家產），生活穩定，他們所追求的自我表現能力是在才華上的一種肯定，卻不一定要在事業上、權勢上爭長短。因此比起一般追逐名利的人來說，他們的人生價值觀是比較崇高的了。

◎命宮中有廉貞化祿的人，其人生價值觀是高標準的精神享受、格調更高。

◎命宮中有化忌星或有擎羊星的人，思想偏執，人生價值觀不確定，有是非糾纏、官非獄災和其他的災禍相隨，一生不順利。

第194招 廉殺坐命的人所能接受反對意見的寬容度為何？

接招應答：廉殺坐命的人，雖然頑固得很，但對他利益大的反對意見他是會接受的。有時候他也會反複的考慮，或遲疑不前，只要是工作上或事物上的反對意見他都能接受。但在思想上，生活上的反對意見則不能接受，而且會固執己見。

第195招 廉殺坐命的人脾氣好壞及易爆點為何？

接招應答：廉殺坐命的人，一般時間都是溫和好脾氣的人，也能受氣忍耐。但是一但違背了他做人處事的原則性，或者挑釁似的與其爭吵，則其人脾氣固執很拗，像塊石頭一樣堅硬而不為所動，堅持的狀況會維持很久，脾氣在私下裡也算是暴躁的了。

第196招 怎樣說服廉殺坐命的人？

接招應答：廉殺坐命的人，脾氣頑固很拗，平常合情合理的事情，與之協商即可。但若想說服廉殺坐命的人做他不願意做的事就非常困難。曉以大義，需要『磨功』也許經過常期的思考，他或許能被說服，但也可能會拖很久。但急切的說服，會受到他頑劣的反抗，情況更糟。廉殺坐命的人是常愛思考，而又思緒很亂的人，也許你用聲東擊西法，故意增亂其思緒、混水摸魚趁其不備也能說服他們。

怎樣與廉破坐命的人過招

第197招

怎樣從外型特徵找出廉破坐命的人？

接招應答：身材中等略矮，骨架大，身型橫寬，看起來壯碩，但屬瘦型的人。臉型是中等長方型，兩腮寬闊（風字型）臉型的人。眉毛寬闊雜亂，眼很大，冷峻，嘴大橫寬，牙齒有傷或破黑、不整齊。鼻頭寬，鼻孔露出，鼻樑塌陷。法令紋很深。皮膚粗糙深黑。有凹洞或麻臉現象，為人陰沈、話少，但一說話便狂妄，容易得罪人，外緣不太好。

第198招 廉破坐命的人有那些特殊性格？

接招應答：廉破坐命的人，性格剛強，可吃苦耐勞，是白手成家，凡事都一手包辦之人。平常為人陰沈，不太說話，但是真正的口才好，所說的話容易爆出冷門，讓人訝異，有時也很狂妄，敢說別人不敢說的話，為人衝動愛拼。一旦被刺激，會一竿子打翻一船人，牽連甚廣。他們是膽子大又不怕死的人，在做事方面特別辛苦，所得的利益回報並不多。因此他們容易去做敢死隊或與眾人為敵的工作。

命宮中再有羊刃、火、鈴、化忌的人，思想容易扭曲，脾氣暴躁，也常有想不開的憂鬱情節，性格古怪，會有離群索居或外傷、自殺死亡等事。

第199招

廉破坐命的人其內心思想模式為何？

接招應答：廉破坐命的人，是孤高自傲的人，因小時候家境不好，必須自己奮鬥，一切靠自己白手起家，因此不相信任何人有他的能耐高強，對自身的努力很自傲。他們的口才不錯，對人有懷疑心，凡事喜歡一針見血的說出其關鍵的話語和事實真相。不喜歡浪費口舌，平常很少說話，因此給人很狂妄的感覺。廉破坐命的人喜歡賣弄自己的聰明，常要表現自己比別人聰明，總是先知先覺，以喚醒別人。並且還自以為有暮鼓晨鐘的功能，能敲醒大家。一生中他們很容易橫發橫破，縱使有再多的錢，到了他們的手上也難以留住。

第200招

廉破坐命的人，其人生的價值觀為何？

接招應答：廉破坐命的人，是為人衝動、敢鬥敢拼的人。他們一向靠自己來打拼天下，故而不在乎人的批評和攻擊。若說他們不愛錢，那是太假了。可是他們能為自己所奮鬥的事物而犧牲掉金錢、權勢、地位，這是很多人所做不到的事情。因此其人生的價值觀是以不斷的戰鬥精神來達到自我肯定的目標。

◎命宮中有破軍化權的人，喜歡掌有權勢，人生價值觀以權勢為重。

◎命宮中有廉貞化祿或破軍化祿的人，以精神享受為主，人生價值觀以自我肯定及高格調的精神享受為重。

◎身宮落在財帛宮的人，較愛錢，會為錢財拼命苦做，非常辛苦。

◎命宮中有廉貞化忌或有擎羊星的人，人生價值觀不確定，也容易作奸犯科，有官非牢獄之災。

第201招 廉破坐命的人所能接受反對意見的寬容度為何？

接招應答：廉破坐命的人，性格剛直，強硬，不願意接受反對意見，固執己見的結果常常遭災。但是他們不信邪，還堅持不改。為人常衝動。被刺激時，更難接受反對意見了，可能會採取報復手段來對付反對意見呢！

第202招 廉破坐命的人脾氣好壞及易爆點為何？

接招應答：廉破坐命的人，脾氣從臉上即可顯現出暴躁、剛硬的氣質，而且他們為人粗曠，發脾氣時或被刺激時，會與人武鬥。情況激烈。平常吵架時也很嚇人，脾氣易怒容易爆發，讓大家不敢太招惹他。

第203招 怎樣說服廉破坐命的人？

接招應答：廉破坐命的人，很難說服，他們根本不信邪，對於別人的理由又多所懷疑，因此很難說服。也許你應該放棄說服他，而先去做別的事，讓事情經過沈澱以後，隔一段時間再去旁敲側擊的打探他的想法，提供資料給他，讓他覺得是自己的聰明才智所成就的一莊事，而不是被人教導說服而做的，事情較易成功。

怎樣與廉貪坐命的人過招

第204招

怎樣從外型特徵找出廉貪坐命的人？

接招應答：身材中等略高，骨架大，壯而不肥。臉型是圓方型臉型，有的人臉型較長，大臉。眼睛大，眉寬雜亂、色淺。嘴大橫寬，喜歡說些無用的廢話。做人吊兒鎯鐺，多說少做，喜歡與酒色財氣沾上邊。有陀羅在命宮的人有桃花眼、好色。其他的人都是人緣不佳的人，常常口直心快亂講話，不重禮儀及人情世故。

第205招 廉貪坐命的人有那些特殊性格？

接招應答：廉貪坐命的人，性格上較沒主見，有時候溫和，有時候暴躁，情緒不穩定，常常口直心快，口沒遮攔。意見特多，幻想多，不實在，多說少做，喜歡沈湎在酒色財氣中，沒有正經的思想和行為，常為遊手好閒之人。此命格的女子，非常潑辣，聲音大，罵人兇，膽大妄為，較少廉恥之心。命宮中有陀羅星同宮或相照的人為『風流彩杖』格，好色無度，為酒色而傷身、喪生。

第206招 廉貪坐命的人其內心思想模式為何？

接招應答：廉貪坐命的人，多說少做，愛幻想，不實際。喜歡享福不做正事。他們常會想些、做些邪門歪道的事情，還沾沾自喜自己的聰明。為人貪財而又賺錢不易，也不願意付出勞力，腳踏實地的去工作。始終想一步登天，或暴發財富享受一下。因此終日就在等待機運中虛度時日，而不願上進幹活。

第207招

廉貪坐命的人，其人生的價值觀為何？

接招應答：廉貪坐命的人，其人生價值觀以貪財和享受為主。他們總是在做一些不實際的幻想，等待發財的時候好好享受一下。

◎命宮中有貪狼化權的人，好權勢，可利用權勢來貪財。

◎命宮中有廉貞化祿或貪狼化祿的人，貪財好色，人生價值觀以金錢、享受為主。

◎命宮中有廉貞化忌或貪狼化忌的人，人緣不佳，是非、官非都多，也容易作奸犯科，有牢獄之災。

第208招 廉貪坐命的人所能接受反對意見的寬容度為何？

接招應答：廉貪坐命的人，對於在一起吃喝玩樂的人所提供的反對意見很能接受，相互哈啦哈啦，沾沾便宜，並不以為忤。但是若有人為他的不務正業，或不踏實的行為提出忠告性的反對意見，則不愛聽從，不能接受而厭煩其嚕嗦，視同敵人一般。

第209招 廉貪坐命的人脾氣好壞及易爆點為何？

接招應答：廉貪坐命的人，表面上看起來溫和而沒脾氣，但是若說些讓他覺得不中聽的話，他便暴躁起來，脾氣很壞，而且不計後果的大吵大鬧，讓所有的人都怕了他了。

第210招 怎樣說服廉貪坐命的人？

接招應答：要說服廉貪坐命的人，很容易。一是錢。二是色。三是好處多。可以說酒色財氣是廉貪坐命的人一生所追求的事物。某些人甚至會從事不法的勾當來贏得，因此用金錢、色誘、利益則完全可擄獲他們的心。

怎樣與天府坐命的人過招

第211招

怎樣從外型特徵找出天府坐命的人？

接招應答：身材為中等略高體型，微胖而不肥。臉型為長方型，膚色白，性格溫和，外表是忠厚老實型，個性有些高傲，為人多才華、清正而機巧，喜歡享受。做人坦白、對人慈善，但對錢吝嗇。命宮中有擎羊星的人，為人較奸詐不正，但外表仍然氣質很好。

第212招

天府坐命的人有那些特殊性格？

接招應答：天府坐命的人，有忠厚、老實的外表、做事按步就班，沒有衝勁和魄力，行動力很慢。但是對錢吝嗇，且精明計較、喜歡操心、嘮叨、愛管事，像一個管家婆似的。通常他們是外柔內剛，脾氣固執的人，為人驕傲，常自命不凡，也自以為高尚，很自負。財星居旺坐命的人，都有吸引人的人緣桃花，因此人緣還不錯。

第213招

天府坐命的人，其人生的價值觀為何？

接招應答：天府坐命的人，通常以事業和享受為其人生的價值觀。天府坐命的人，在錢財上對別人很吝嗇，但是對自己很大方。他們之所以重視事業，完全是因為要靠事業賺取財富，才能維持自己的享受。因此基本上追根究底，其人生價值觀還是在一個『錢』字上。

第214招

天府坐命的人所能接受反對意見的寬容度為何？

接招應答：天府坐命的人，有其固定的頑固特質，對於金錢有其原則性，對於事物、人情的輕重也有其原則性。倘若具有公平講理，又不違背其原則性的話，他是可以接受反對意見的。倘若反之則不行。天府坐命的人很討厭別人騙他，因此實話實說的人，反而能得到他的同意。搞怪欺騙的人，則被排斥。

第215招 天府坐命的人其內心思想模式為何？

接招應答：天府坐命的人，做事一板一眼，按步就班，精於理財和計算，因此財富漸漸增多。他們很看不慣那些只想不勞而獲的人，或者是混吃等死的人。他們的財都是經過勞力付出而得到的財，因此要細心收藏，不會隨便借給他人。除非你有很好的理由，與他關係夠，還債的保證能力也夠，經過再三的考慮才會借給你。其態度是十分小心的。天府坐命的人為人忠厚老實，不會去貪別人的財，也不想別人來貪他的財，因此保守而自重、計較分明是他們一貫的作風。

第216招 天府坐命的人脾氣好壞及易爆點為何？

接招應答：天府坐命的人，全都是溫和好脾氣的人，而事實上是外柔內剛，有其自己的固執。只要不去挑戰他的原則性，則看不到他發脾氣。好脾氣的人，若是發脾氣了，其狀況是驚人的，雖然他不會大吵大鬧的。所發出的言語是擲地有聲，義正詞嚴的正理，任誰也無法不正視他。

第217招 怎樣說服天府坐命的人？

接招應答：天府坐命的人，很講道理，為人也公平、公正。除了要他捐錢，或要跟他借錢較困難之外，一般的事物他都願熱心幫忙，而且任勞任怨。天府坐命的女子，更是為家庭犧牲奉獻很多而不後悔的人。因此要說服天府坐命的人，直接用協調方式即可，但是他們討厭以要脅或欺騙的方式來對待他們，倘若你曾經用過此法而讓他發現了，他便把你列入拒絕往來戶，永久的無法說服他們了。

怎樣與太陰坐命的人過招

第218招

怎樣從外型特徵找出太陰坐命的人？

接招應答：身材為中高身材，命宮居旺的人微胖。命宮陷落的人較瘦。臉型是長圓帶方的臉型。也有些人是鵝蛋型。外表文靜害羞，有特別的韻味。眼睛大，有水汪汪的感覺，常脈脈含情，外表文質彬彬。此命的男子，常有傾向陰柔的氣質，有點娘娘腔。此命的女子，非常有女人味，媚力十足。

第219招

太陰坐命的人有那些特殊性格？

接招應答：太陰坐命的人，外表氣質很好，陰柔文靜，文質彬彬，是一個內心性急好動，外柔內剛的人。他們的性格很仁慈、博愛喜歡談感情，也常感情用事。有時性格較陰沈，猜疑心重，尤其在男女問題上，心靈脆弱，問題很多。他們全都是異性緣很好的人，但是情緒常陰晴起伏不定，容易多愁善感，不容易自我控制。

第220招

太陰坐命的人其內心思想模式為何？

接招應答：太陰坐命的人，為人有時較陰沈，喜歡對人、事、物猜疑用心機。他們通常是以『情』為衡量事情的出發點，常要比較別人與他的情感，是那一方付得多？付出多的人，他就傾心回報，付出少的，他就自怨自艾，心生氣憤，常常把心思浪費在這種比較猜嫉的心態上，外人很難瞭解。

第221招 太陰坐命的人，其人生的價值觀為何？

接招應答：太陰坐命的人，和一般人不同，喜歡談『情』，講情面。心思細密繁複，其人生價值觀常被『情』字搞得很亂。因此在多情的時候，他們的人生價值觀是以『情』為出發點的。在無情的時候，或情斷的時候，他們的人生價值觀回復到『金錢』的層面上來了。

◎命宮中有太陰化權的人，人生價值觀以『金錢』為主。

◎命宮中有太陰化祿的人，人生價值觀以『情』或『精神享受』為主。

◎命宮中有太陰化忌的人，人生價值觀以『金錢』或『享受』為主，但兩者都會造成缺憾、是非及困擾。

◎身宮落在財帛宮的人，特別愛錢，人生價值觀以『金錢』來衡量。會造成人生中有得也有失的局面。

第222招

太陰坐命的人所能接受反對意見的寬容度為何？

接招應答：太陰坐命的人，通常是只論『情』少論『理』的人，倘若你一向與他交心，則『理』少一點或即便是『無理』，他也能忍耐，接受你的反對意見。但若你倆的情誼受到考驗，就算有『理』也難獲他的支持了。

第223招

太陰坐命的人脾氣好壞及易爆點為何？

接招應答：太陰坐命的人，是溫和的好脾氣，溫柔多情、體貼、對人溫馨、可愛、忠誠度又高。但是他是外柔內剛的人。把『情義』看得很重。損及情義，他們的脾氣爆發時，是既固執又拗的人，要哄很久才哄得好，同時他們也是最愛哭、眼淚最多的人。哭成江海，看你怕不怕？

第224招 怎樣說服太陰坐命的人？

接招應答：太陰坐命的人，最講究『情』、『義』二字，只要你展現自己對他的『情深義重』。他自然會兩肋插刀的為你賣命了。所付出的超過你給他的十倍之多。很多太陰坐命的女子被騙財騙色，都是『情』字害人。

怎樣與貪狼坐命的人過招

第225招

怎樣從外型特徵找出貪狼坐命的人？

接招應答：身材高大、壯碩，命宮居廟的人，中年以後會趨於肥胖。臉型為長圓形的臉型，身材很好。膚色為白裡帶青。老年時膚色為黃青黑色。眼睛大，五官端正，輪廓美，外型很好，人緣佳及多才多藝，能言善道，反應快，學習力強，頭腦好，讓人記憶尤新。但是他們喜怒無常，不能定性，做事潦草，速戰速決，也是讓人容易記住的特點。

第226招

貪狼坐命的人有那些特殊性格？

接招應答：貪狼坐命的人，外表溫和，油滑，人緣好。但是常喜怒無常，不能定性。有時快樂便耐不住寂寞去找朋友。但一會兒不高興就突然自己跑掉了。他們慾望太多總是無法滿足。好面子、好大喜功，喜歡做大事業，喜歡大場面。做事速戰速決，反應快，腦筋一流，喜歡掩飾自己的缺點，嫉妒心重，愛爭。做事性急，馬虎潦草，更喜歡賭博、做投機生意。

第227招

貪狼坐命的人其內心思想模式為何？

接招應答：貪狼坐命的人，都有暴發運，也是知道自己有天賜好運的人，所以都不喜歡慢慢等待，因此性急，想快速成就大事業、發大財。故而他們做事很快，速戰速決，來去如風。通常他們也自知自己有很多缺點，倒如做事不精細沒有耐心、好動、慾望多、博學不精。但又喜歡表現給別人看，因此掩飾缺點的行為與自大狂的行徑便由此產生而出現。不管怎樣，他們在某些特定的時間裡還是會成就一些事情的。

第228招

貪狼坐命的人，其人生的價值觀為何？

接招應答：貪狼坐命的人，其人生價值觀在於創造強盛的事業。通常貪狼坐命的人都有無限的好運，喜權勢、好名位之爭。

◎命宮中有貪狼化權的人，尤其好權勢、名位，對於機運有極端強勢的主控力量。其人生價值觀即是由『名利』所組成的強權、盛名的模式。

◎命宮中有貪狼化祿的人，愛財、好色、愛享受，人生價值觀是以酒色財氣的多寡來分等級衡量的。

◎命宮中有貪狼化忌的人，人緣不佳，機運也受到傷害，是非糾纏，為人怪異，較會以自我享受為人生價值觀點。

第229招 貪狼坐命的人所能接受反對意見的寬容度為何？

接招應答：貪狼坐命的人，基本上仍是性格剛強的人，雖然他們做人很圓滑，不會得罪人，對於反對意見願意去溝通，但並不一定會接受，或者去考慮。他常保有自己特別的固執，名其為擇善固執，而抵擋外界的反對意見。

第230招 貪狼坐命的人脾氣好壞及易爆點為何？

接招應答：貪狼坐命的人，是性急而脾氣暴躁的人，喜怒也容易無常，朋友和家人常要忍受他的怪脾氣。他非常害怕爭吵及火爆的場面，但發了脾發又無法下台，於是他總是跑走躲起來逃之夭夭。不過等他情緒好時，又會出現在你的面前了。

第231招 怎樣說服貪狼坐命的人？

接招應答：貪狼坐命的人，非常天真無邪，孩子氣重。也像小孩一樣慾望多，喜歡新奇感。因此你要說服貪狼坐命的人，最好找一件他沒做過、沒聽過、沒見過的事，給他第一手的資料，作為交換條件，他一定會被你說服，而纏著你不放了。

怎樣與巨門坐命的人過招

第232招

怎樣從外型特徵找出巨門坐命的人？

接招應答：命宮在子、午、巳、亥宮的人，身材中等略高，身型較胖。命宮在辰、戌宮的人較矮、瘦。臉型都是方型略長的臉型。膚色黃裡帶青或較黑，臉上有痣或胎記、雀斑、嘴在臉上的比例大。性情多疑，喜歡說話，會欺騙人，多惹是非。常有是非纏身，心境不清靜。也喜歡口腹之慾，愛吃零食。

第233招 巨門坐命的人有那些特殊性格？

接招應答：巨門坐命的人，性格難明，猜疑心重，讓人捉摸不定，口舌是非多，喜歡嘮叨、挑剔，注重小節，特別喜歡吃，口才特好，容易不滿現狀。對生活不滿足，有時很會說廢話，喜歡酒色、賭等事，一生做事進進退退，與人相交很少超過三個月的，初善終惡。勞心勞力過一生。

第234招 巨門坐命的人其內心思想模式為何？

接招應答：巨門坐命的人，凡事多疑惑不太相信人，但對很多事有好奇心，尤其是迷信神秘之學、邪佞的旁門左道。做他們很自大，喜歡誇大其詞和說謊話，自抬身價。做事是嘴上說一套，卻做一套，很難守信用。常常為了圓謊而製造是非來為自己脫罪。因此口舌是非特別多。自己會製造，別人的是非也會找上他。記性不好，常會忘東忘西丟東西。不滿現狀，但又不願學東西，什麼事都想軋一腳，但有頭無尾，不能完成。

第235招

巨門坐命的人，其人生的價值觀為何？

接招應答：巨門坐命的人，大多數的人以優渥的物質享受為人生的價值觀。並且以酒色財氣的多寡來做衡量的方式。

◎命宮中有巨門化權的人，對權勢、地位特別感到興趣。人生價值觀也以『權勢、地位』為歸依。

◎命宮中有巨門化祿的人，或者身宮落在財帛宮的人，都特別愛錢，甚至會不擇手段的去賺錢。人生價值觀以金錢為主。特別會以酒色財氣來表達。

◎命宮中有巨門化忌的人，人生價值觀混淆不清，但還是以酒色財氣的追求為人生最有價值的東西。

第236招 巨門坐命的人所能接受反對意見的寬容度為何？

接招應答：巨門坐命的人，對所有的事都抱有疑惑心，最喜歡聽反對的意見。尤其是可以讓他佔便宜，貪利多得的意見最佳。旁門左道也無所謂。但若有損於他的利益時，他會頑固的抵抗，並且要教訓你、報復你，其心態非常險惡。

第237招 巨門坐命的人脾氣好壞及易爆點為何？

接招應答：巨門坐命的人，脾氣很衝，不算好。要利用別人，或是要從別人之處得利益時，便百般巴結，糾纏不清，什麼條件都答應。若用不到的人，便置之腦後，見了面也很冷淡，甚至於裝作不認識。他們是表面溫和，私下裡脾氣硬派的人，一生口舌便佞，勞心又勞力。命宮居陷的人，招惹是非更多。

第238招 怎樣說服巨門坐命的人？

接招應答：巨門坐命的人，很喜歡聽新鮮事，做新鮮事，常容易受鼓動。有時為了貪利或報復做奸犯科都無所謂，是道德感較差的人，看事情反反覆覆，正反兩面都會想到，思想不同於一般正派人，又喜歡製造是非口舌、賭、掌權等情事。你若要說服他的是正經事，則要以有名、有利來誘導他。若說服他的是陰險狡詐之事，有吃有喝，有錢可拿，再加上新鮮感十足，他就一定會很有興趣了。

怎樣與天相坐命的人過招

第239招

怎樣從外型特徵找出天相坐命的人？

接招應答：天相坐命丑、未宮的人，是中等略高的身材，體型很壯碩，胖胖大大的。命宮在巳、亥宮的的是中等略瘦，骨架大的身材。命宮在卯、酉宮的人身材較矮瘦，臉型為圓中帶方的臉型，膚色白裡秀青。三十歲以後膚色較深。天相坐命的人都容易破相，有傷災。他們是溫和、沒有衝勁、忠厚老實型的老好人。相貌端正，衣著端莊整齊。為人好吃食。瘦的人有偏食行為。

第240招 天相坐命的人有那些特殊性格？

接招應答：天相坐命的人，是心腸端正，不偏袒任何人，有正義感、幽默感的老好人。常喜歡做和事佬，服務熱心，但是既愛管閒事又怕麻煩，不會多惹是非，是謹言慎行的人。天相坐命的人，一生生活優渥舒適，喜歡過清閒的生活，個性有點懶，是溫和而衝勁不足的人。天生忠厚老實的形象也帶給他們無爭的生活態度。他們之中，胖的人好吃，瘦的人挑剔好吃又愛穿著打扮，喜歡時髦的衣著物品，很會藏私房錢，性格固執，他不會與人衝突。

命宮中有擎羊星的人，容易受欺騙之後再報復，心地較狠毒。但表面仍是忠厚老實相，只是下巴略尖而已。

第241招

天相坐命的人其內心思想模式為何？

接招應答：天相坐命的人，因為是福星坐命的人，比較愛享受，崇尚清閒的生活，但又閒不住，因此常愛管一些閒事，心腸好，公正不偏私，是大家欣賞他的地方。天相坐命的人其實很害怕不好的氣氛，這樣他就會很沮喪，他希望始終都是天下太平和樂的日子。因此常出來調解紛爭安定人心。為人常從正義的角度去做事，看不慣欺侮弱小的行為。其人的思想模式是從善意的、正義的、體貼的、溫和寬容的方式做出發點，有時候也會讓人有太軟弱的感覺。

第242招

天相坐命的人，其人生的價值觀為何？

接招應答：天相坐命的人，是福星坐命的人，喜愛吃穿的享受，為人公正無私、講求正義。天相是印星，其實天相坐命的人，也喜歡掌權並擁有處理眾人事務的正義感。其人生價值觀就是擁有正義及權勢，然後又能輕鬆享福的帝王式或高官式的生活方式。

天相坐命的人，一生優渥，並不特別的愛錢及名利。但為了要管理更多的人，或服務更多的人，而希望掌權，因此其人生價值觀還算是清高而不貪赧的形式。

第243招

天相坐命的人所能接受反對意見的寬容度為何？

接招應答：天相坐命的人，是個好好先生，舉凡別人有意見，他都會耐心聽聞，並加以判斷是非真假。並不會照單全收或根本不聽。屬於正理、正義及公眾的事情，他一定會全力以赴。若是邪門歪道，不合理的事情，他便會義正嚴辭很坦白的拒絕。

第244招

天相坐命的人脾氣好壞及易爆點為何？

接招應答：天相坐命的人，脾氣是溫和，看起來好說話的人。但是他們也有自己的原則，是具有固執而有正義感的人。他們很少發脾氣，但是發脾氣時，就誰也擋不住、勸不了。平常他們不喜惹麻煩，總是以隱忍為重，生氣時，便要與對方爭個公道。但這些種情形很少發生。

第245招

怎樣說服天相坐命的人？

接招應答：天相坐命的人，很愛講公道、講理，因此你可直接與其協商即可，說話不必繞彎，有話直說。他是個很尊敬端正、莊重、有正義感、有品德的人。只要你是這類型的人，便很容易和其溝通及說服他了。

怎樣與天梁坐命的人過招

第246招 怎樣從外型特徵找出天梁坐命的人？

接招應答：天梁坐命子、午宮的人，高大而壯碩。天梁坐命丑、未宮的人，是中等較高壯碩的身型，臉型都是長方型臉型。而天梁坐命巳、亥宮的人是中等略矮體型的人，也較瘦，臉型較短一點點。膚色為年青時黃裡透白。中年以後膚色較深為黃中帶黑青色。眼睛大，顴骨高，大臉，外表穩重，有慈善心。多半會有宗教信仰。喜歡照顧幫助別人。

第247招 天梁坐命的人有那些特殊性格？

接招應答：天梁坐命的人，外表厚重、沈穩、辯才很好、有威嚴，內心固執、高傲、自負，有某些霸道的氣質。很願意照顧別人，但只喜歡照顧與自己有關係的自己人。他們也常有正義感，滿腔熱血的去路見不平，給與助力。

天梁坐命的人都喜歡管閒事，管別人家的事，而自己家裡的事棄之不做，每日奔波操勞很忙碌。

第248招 天梁坐命的人其內心思想模式為何？

接招應答：天梁坐命的人，通常都是私心很重的人。他們把人際關係中的人群，畫做兩個圈圈。一個圈圈裡的是所謂的『自己人』。這其中包括了其自身的家人、朋友、部屬以及同一戰線的人。另一個圈圈裡，裝得是所謂的『外人』，這其中包括了不相識的人、敵對的人，和他關係較遠的人。對於屬於『自己人』圈子內的人，頻加照顧，好處都給他們。對於另一個圈子屬於『外人』的部份，頻加攻擊、打壓，時時剋制，以防他們傷害了『自己人』的利益。因此你若是他承認的『自己人』，你便得到幸運了，你若是他不承認的人，便要小心！會有傷害或不理睬的情形。天梁坐命的人，向來以此兩個圈圈來認同事物的。

第249招

天梁坐命的人，其人生的價值觀為何？

接招應答：天梁坐命的人，雖然性格表面溫和、有禮，實際內心頑固、霸道，並且有肥己之心（喜歡照顧自己人的心態也算是）。其人生的價值觀多半以『權勢』為主。只有命宮坐在巳、亥宮為天梁陷落坐命的人，比較不重『權勢』，而以『精神與物質的享受』做為人生價值觀的衡量法。

◎命宮中有天梁化權和天梁化祿的人，都喜歡『權勢、名位』，其人生價值觀還是以『名利』為主要歸依。

第250招

天梁坐命的人所能接受反對意見的寬容度為何？

接招應答：天梁坐命的人，性格頑固、霸道、常自以為是，因此很難接受別人的意見，尤其是反對的意見，通常他們會用一些手段，派別人去警告那個有反對意見的人。要是對方冥頑不靈又當面提出的話，更讓他懊恨不已，一定會想辦法除之而後快。即使沒辦法消滅敵人，他也會來個相應不理。

第251招

天梁坐命的人脾氣好壞及易爆點為何？

接招應答：天梁坐命的人，絕大多數的時間都是溫和而有善心的，只要不牽扯利益衝突，彼此都能熱誠、爽朗、快樂的相處。天梁坐命的人，是有機謀、善舌辯、愛競爭的人，只要不和他相互較勁，彼此都能相安無事。只有對持有相反意見的敵對者，手段較凶狠而已。

天梁坐命巳、亥宮的人，比較會溫和、沒有衝勁、為人也不善競爭，內心善良，與人交情好。

第252招

怎樣說服天梁坐命的人？

接招應答：要說服天梁坐命的人，不是件容易的事。因為他們孤高、自傲、固執又有些霸道。不太肯聽別人的意見。但是仍有幾個條件可以嚐試。第一、要是被他認同的自己人或親近的人。第二、是有專業特長，佔在專業的角度說話，而這些專長是他所沒有的。第三、要不能讓他覺得你是圖利有心而來的。第四、要正派而清高的人。第五、要經過大家認同推舉你的資格。並且你要再三宣示你的忠誠度，最好把功勞再識相的讓給他。這樣或許你有機會去說服他。

怎樣與七殺坐命的人過招

第253招

怎樣從外型特徵找出七殺坐命的人？

接招應答：中等略矮的身材，體壯而不肥，骨架很突出。臉型是中等長方形，腮骨很明顯。眼睛特別大，眼球突出，瞳仁黑而且大，很有威嚴。通常七殺坐命的人，都是瘦型，骨重而肉少的人。其人態度沈穩、威武。面型很性格，喜怒形於面。做事勞苦，但有堅毅不拔的精神。

第254招

七殺坐命的人有那些特殊性格？

接招應答：七殺坐命的人，是沈靜穩重的人，眼大性急，很有威嚴，喜掌權、愛好冒險、做事聰明又有魄力、敢於擔當責任，性格很倔強、不服輸、好動不耐靜，喜歡操勞不停，停下來便會生病。做事速戰速決。一生都在勞碌奔波中渡過，能吃苦耐勞，驛馬重，必須離家發展，做事才會成功。

第255招

七殺坐命的人，其人生的價值觀為何？

接招應答：七殺坐命的人，本身就是化殺為權的命格，會擁有強勢的權利與地位。他們也很熱衷此道。因此人生價值觀為掌有權勢，管理領導別人，成為眾人的楷模，就是最有價值的事情了。

第256招

七殺坐命的人所能接受反對意見的寬容度為何？

接招應答：七殺坐命的人，性格頑固堅強，不太能接受反對意見，他們喜獨當一面，辛苦努力的去做事。但是對人對事也常有掙扎的一面，時間不會太久，他隨即便會速戰速決掉，而且自己擔當責任。

第257招

七殺坐命的人其內心思想模式為何？

接招應答：七殺坐命的人，做事很拼命，他們常自認負有許多責任必須完成。而且認為凡事都是一分耕耘一分收獲、投機取巧的事絕不會發生在他們身上，因為他們自知必須經過努力、千辛萬苦才會得到自己想要的東西，因此份外珍惜。

第258招　七殺坐命的人脾氣好壞及易爆點為何？

接招應答：七殺坐命的人，外表冷峻，有權威，是長相有點酷的人。他們常常喜怒形於色，一會兒快樂，一會兒氣憤，情緒變化快，給人反覆無常的感覺。從小他們的身體不好，容易有毛病，這也是他們孤獨而不善於與人相處的原因。不過他們倒是屬於正派，可講理的人，不怒而威的形貌，讓他們武裝了自己。

第259招　怎樣說服七殺坐命的人？

接招應答：七殺坐命的人，性格剛強，內心脆弱。精神上很空虛，通常都很有孤獨感。因此注重家庭親情。只要別人多關心他、溫柔體貼的心意就會讓他感動，再藉此提出要求很容易得到他的認可。

怎樣與破軍坐命的人過招

第260招

怎樣從外型特徵找出破軍坐命的人？

接招應答：中等略矮的體型，很多人是五短身材，有腰、背或肩膀傾斜的現象。臉型是中等長方型，兩腮寬闊，如『風』字型的臉型。嘴大、嘴唇厚，有些人的牙齒也不整齊。眉寬雜亂，鼻樑山根處低陷。鼻頭寬。法令紋很清楚。顴骨高，臉型寬，大臉。全都有破相。某些人有痳臉、瘺子。皮膚較粗糙。破軍坐命的人都有形粗的情形。性情反覆不定，為人有些虛假不實、個性強硬的作風。

第261招

破軍坐命的人有那些特殊性格？

接招應答：破軍坐命的人，好勝心強，幹勁十足，喜歡創業，做事付出的勞力很多，先敗後成。性格反覆無常，喜怒也無常、私心很重，記恨心重，也容易報復。通常他們表現的態度是大而化之爽朗的性格，實際上是疑心病重，容易相信邪佞之人。也容易聽信小人的讒言做不義之事。言詞常有得罪人之處，又能拉下臉來賠不是，前後態度不一，很難讓人信賴。常喜歡說大話，表現自傲心態，讓人無法苟同，實際上他們是輕視禮儀，不願被規矩束縛的人，注重享受並有浪費習性。

第262招

破軍坐命的人其內心思想模式為何？

接招應答：破軍坐命的人，對事情對人，都是從懷疑角度開始的，他們在本性裡都有些奸滑不仁的性格，更多的是自私的心態，性格自傲不服人。視親人如仇、視外人為親。因此他們對待外人較好較友善。通常他們都戴有假面具，對外人、不相熟的人，是爽朗、阿莎力的一面，慷慨而重義。對自家人或熟識者，小氣吝嗇，不講情面。表面是好勝心強，敢愛敢恨。私下裡都是報復、記恨，無以復加。因此誰都不能得罪他，小心有報應。

第263招

破軍坐命的人，其人生的價值觀為何？

接招應答：破軍坐命的人，因為是耗星坐命，雖然付出很多勞力，也願意奮發努力，但依然破耗很多，存不住財富。其人生價值觀在絕大多數的人心中還是以『金錢』的獲得，為主要人生價值觀念。

◎命宮中有破軍化權的人，重視權勢、地位。再用權勢、地位來取財。因此其人生價值觀仍是以名利為主軸的形式。

◎命宮中有破軍化祿的人，也是重視權勢、名利的人，其人生價值觀亦以『名利』為主軸。

◎身宮落在財帛宮的人，愛錢、受享受、較自私，其人生價值觀以『金錢』來衡量事物。

第264招

破軍坐命的人所能接受反對意見的寬容度為何？

接招應答：破軍坐命的人，脾氣是火辣辣的。倘若是規勸其向善的意見，在他狂傲的性格下，不憤而出手把你打回去，也要吵翻天。倘若是有旁門左道、歪邪整人的把戲告訴他，他就很有興趣試一試，因此破軍坐命的人通常與正人君子是無法站在一起的，否則他們就很不自在。

第265招

破軍坐命的人脾氣好壞及易爆點為何？

接招應答：破軍坐命的人，脾氣固執火爆，很容易爆發，只要內心對你懷疑就爆發了，不計後果。但事後發現錯誤又會道歉賠不是。不過賠不是也要看人，若是脾氣好、性格較弱的人，他就霸道不講理，也不賠不是。若是對他有利益，有利用價值的人，別人就算也同樣做出欺騙侮辱他的動作，他也能賠不是、賠小心。因為他們是個欺弱怕強，重利忘義的人。

第266招

怎樣說服破軍坐命的人？

接招應答：破軍坐命的人，性格剛強而多疑。常懷疑別人的好心。因此你要用常理來說服他，不是被他嗤之以鼻，就是懷疑你的好心。因此你要用特別的方法來說服他。例如要說些狠話來嚇唬他。狠話一定要比他的還要凶。（因為他們也是會說狠話的人），才能制服他。另一個辦法就是告訴他情由後，暫時不要理他。隔了一段時間他會奇怪？是什麼不來找我了呢？他會自動來找你談，這時候你再稍微給他一點甜頭，他就會同意了。記住！甜頭不要一次給得太多，否則他會水漲船高擺架子，一發不可收拾，就無法說服他們了。

怎樣與祿存坐命的人過招

第267招

怎樣從外型特徵找出祿存坐命的人？

接招應答：臉型圓形或圓形帶方的臉型。膚色黃中偏白色。孤獨沈默，形態孤單，瘦型、骨重肉型、中等身材，體型露骨。眼睛大，但常有驚恐之色。性格耿直，遇事不會轉彎。

祿存坐命的人，臉上常有憂愁，很難得開心，對人防備，害怕受欺侮。通常他們會有父母不全，被他人收養或有改姓的情形。

第268招

祿存坐命的人有那些特殊性格？

接招應答：祿存坐命的人，性格固執，但是穩重、老實、膽子很小、不太與人來往，性格孤獨，不合群、做事、說話都一板一眼的很剛直坦白，不會拐彎抹角，也不會欺騙人。表面溫和老實，心地又很仁慈。祿存坐命的人，唯一讓人最不能理解的就是極端的節儉和吝嗇，很少會把錢借給別人。他們一生賺錢辛苦，所做的工作多半是勞動力付出很多、收入並不很好的工作。但是他們仍能存錢，不捨得花用，自奉甚儉。

第269招

祿存坐命的人其內心思想模式為何？

接招應答：祿存坐命的人，一生中只有靠自己。是由自己做自己貴人的人。小時候常受到欺侮或家境不好，或者家境變化大、被過繼給別人。因此與別人都保持距離，深怕再受到傷害。通常他們都對錢財特別看重，主要是嚐過困苦的日子而苦怕了。因此覺得要自己努力存錢。因與人的人際關係也不順利，故而孤獨小心，深怕別人會來覬覦他的財產。一生中只對賺錢的事有興趣。因此辛苦求財、性格孤獨。不願與人分享物質或精神上的內心世界。

第270招

祿存坐命的人，其人生的價值觀為何？

接招應答：祿存坐命的人，一生所關心的事就是賺錢的事。其他有關權勢、名位之爭根本不關他的事，他絲毫不會去關心或過問。因此其人生的價值觀就是『可以賺多少錢，及可以存多少錢』的主要模式了。

第271招

祿存坐命的人所能接受反對意見的寬容度為何？

接招應答：祿存坐命的人，在工作時態度溫和而服從，很能接受別人的意見而改正。但是若反對意見是針對其個性或人身攻擊的層面時，其人性格剛直很衝，會反抗而不留餘地。

第272招

祿存坐命的人脾氣好壞及易爆點為何？

接招應答：祿存坐命的人，表面是溫和怯懦的人，不喜歡主動與人溝通。他們的內在性格孤僻、固執，常氣在心裡，不願意說出來。有時候脾氣也會爆發，多半時候他們會躲到無人的角落去獨自發洩與享受孤獨，很少與人大聲爭吵或動粗的。

第273招 怎樣說服祿存坐命的人？

接招應答：若要跟祿存坐命的人捐錢或借錢，你就踩到他的痛腳了，很難去說服他。除非你能以利引利的方式，告訴他出多少錢可賺多少錢，帳目十分清楚，愛賺錢的本性會驅使他信服。倘若不談錢，而是讓他出力幫忙，祿存坐命的人會很老實忠心的為你把工作做好，並且幫忙到底。

怎樣與文昌坐命的人過招

第274招

怎樣從外型特徵找出文昌坐命的人？

接招應答：中等較高的身材，命宮在巳、酉、丑、申、子、辰宮的人，都會先瘦後胖。命宮在寅、午、戌宮的人較矮瘦。

臉型是長圓形的臉型，膚色較白。眉目清秀，文質彬彬，學習力很快很強，性格有些剛直，多半有特殊技藝在身。命宮在寅、午、戌陷宮時，其人臉上有斑痕。

第275招 文昌坐命的人有那些特殊性格？

接招應答：文昌坐命的人，性格略為耿直孤僻，思想敏銳，喜歡精打細算，為人計較，計算能力很好，學習快速。但心情不穩定，思想常反覆變化，做事時會經過困難才會成功。為人太過精明、人緣不太好。

第276招 文昌坐命的人其內心思想模式為何？

接招應答：文昌坐命的人，為人精明、從不肯吃虧，自以為文雅有氣質而自視很高有傲氣。他們常常看不起別人。更自以為聰明能幹而鄙視他人，因此在與人合作的關係上總是受人排擠。

第277招

文昌坐命的人，其人生的價值觀為何？

接招應答：文昌坐命的人，很會精打細算，一般人都認為他們會在學業、事業上有很高的發揮能力。也可能會走官途以權勢、名位為重。其實不然。文昌坐命的人，為人精明、計算能力很強，會斤斤計較，從不肯吃虧，因此在他們的人生價值觀裡，真正是以『金錢』為主軸觀念的人。文昌坐命的人，講究實際，雖然愛計較，但是在強勢、強權的環境中還是競爭力不夠的人，他們也深知自己的短處，因此從不會去與人爭權奪利。而是以自身的計算能力做輔助，以實際可享受到的金錢來評定其人生的價值。

第278招 文昌坐命的人所能接受反對意見的寬容度為何？

接招應答：文昌坐命的人，自認聰明而且精明，別人是無法超越他的。因此不太會去接受別人的反對意見。尤其是年紀比他輕或學歷、資質不如他的人，他更是不會正眼瞧一下，更別說接受反對意見了。

第279招 文昌坐命的人脾氣好壞及易爆點為何？

接招應答：文昌坐命的人，表面上溫和內斂、穩重。實際上他們的內在個性是急躁不安的，心情時好時壞。心情壞的時候脾氣很大，會大聲的罵人或與人衝突鬥毆，一點都看不出他們文質彬彬的樣子來了。

有文昌化忌在命宮的人，是非多，脾氣壞，頭腦也不夠聰明。而且有言論、文字、契約上、計算上的錯誤，要小心！以免造成椎心之痛。

第280招 怎樣說服文昌坐命的人？

接招應答：文昌坐命的人，因精明能幹、愛計較、多半喜歡賺錢和佔便宜。他們為人小氣，有些吝嗇，但佔別人的便宜都是很大方的理所當然。因此你只要用些小利益，小便宜引誘他就很快可以說服他。當然，若有大利益，或有大錢可賺，說服他的速度更快。

怎樣與文曲坐命的人過招

第281招

怎樣從外型特徵找出文曲坐命的人？

接招應答：中等略矮的身材，常先瘦後壯。以命宮坐在寅、午、戌宮的人最矮。臉型是小圓長的臉型。臉上會有痣或斑。其人非常伶俐，能說善道，在藝術方面有專長。口才特好，為人文雅，但桃花重，桃色事件頻傳。會得異性的喜愛。

第282招

文曲坐命的人有那些特殊性格？

接招應答：文曲坐命的人，很聰明能幹，頭腦敏銳，對學唱歌、跳舞或口才方面的才藝特別靈活。為人也是精打細算型的人，常會計較錢財，有些吝嗇。但是因桃花破財時，比較不心痛。

文曲坐命的人，心情也常起伏、善變。容易有口舌銳利、感情複雜的問題。命宮有文曲星和羊陀、火鈴同宮的人，為人奸詐無比，常愛強詞奪理，性格難纏。

第283招

文曲坐命的人其內心思想模式為何？

接招應答：文曲坐命的人，才藝很多，又自覺聰明，自小就常受到別人的讚賞，因此會自傲。平常他們很會精打細算，態度精明而吝嗇。但是他們風流好色。喜歡在異性面前表現，一生浪費很多時間在談情說愛上面。

第284招

文曲坐命的人，其人生的價值觀為何？

接招應答：文曲坐命的人，其人的命格和一生的運程都不高，他們也屬於精打細算型的人，喜歡享受和酒色財氣。其人生價值觀還是以『金錢』為主要追求的目標。

◎命宮是文曲化忌的人，不善言談，而且常以言語遭災，財運也不順。其人生價值觀雖以『錢財』為主，但也容易與錢財沾不到邊，或為酒色財氣所害，浮沈過日子。

第285招

文曲坐命的人所能接受反對意見的寬容度為何？

接招應答：文曲坐命的人，有自己的自傲，非常愛面子。若在私下裡給他建議或協商反對意見，他或許會聽。若在眾人面前給他反對的意見，則不論意見的好壞，或不經考慮，他都是會勃然而怒的。

第286招 文曲坐命的人脾氣好壞及易爆點為何？

接招應答：文曲坐命的人，很喜歡給人第一個好印象，因此在與初識者見面時，很會討好人，使別人對他有可愛的好印象。實際上，他們的情緒常起伏不定，一會兒高，一會兒低，脾氣雖常因情緒的波動而有喜怒變化。和他長時期在一起的人，會感覺吃不消。

第287招 怎樣說服文曲坐命的人？

接招應答：文曲坐命的人，通常都愛賺錢，也愛佔小便宜及對人小氣等的特殊性格。有利可圖，是最好誘導他們的方法。要說服他，必定要分析有多少利益可以讓他得到，他在精打細算之後，必會接受說服。另一個方式就是用『美人計』或『美男計』。文曲坐命的人，好色風流，美色當前，會不顧一切的甘願被說服了。

怎樣與天魁坐命的人過招

第288招

怎樣從外型特徵找出天魁坐命的人？

接招應答：身材矮瘦，臉型是圓形的臉型，下巴短，地閣小，面貌端正，氣質佳，膚色為黃中帶紅的顏色。面色威嚴，心直口快，做事正派，說話有份量，喜歡幫助人。

第289招

天魁坐命的人有那些特殊性格？

接招應答：天魁坐命的人，外表是溫和、風雅，氣度極佳的人，性格較剛直、坦白。不會隱瞞事情，常會得罪人。他們思想聰明，分析能力強，並且為人設想周到，愛幫助別人。平常喜歡出風頭，凡事都自己來，非常勞碌。

第290招

天魁坐命的人其內心思想模式為何？

接招應答：天魁坐命的人，喜歡表現，愛出風頭，凡事喜歡分析，有很好的分析能力。為人清高正直，自己不惹麻煩，但會幫助別人，凡事必自己做，非常勞碌，不放心別人做事。人緣好。但是較陽剛之氣。會替人設想週到，照顧別人，有話直說，喜歡幫助值得幫助的人。

第291招

天魁坐命的人，其人生的價值觀為何？

接招應答：天魁坐命的人，其人生價值觀在於事業上。而且只要事業平順即可。他們不在乎有多少的權勢、地位，也不在乎賺多少錢。只要行的端正，不違背良心，一切順利，就是最最崇高的理想了。因此其人生價值觀較不會被『名利』污染。

第292招 天魁坐命的人所能接受反對意見的寬容度為何？

接招應答：天魁坐命的人，性格剛直、公平、可以接受反對意見。但這個意見必須是他真正所欠缺的。否則他也會有一說一，有二說二的直接反駁，也不怕得罪人。

第293招 天魁坐命的人脾氣好壞及易爆點為何？

接招應答：天魁坐命的人，平常是溫和、風雅、氣質不錯的人，只是性格剛直，有話直講，不會拐彎抹角而已。他們多半是會為別人設想，講話重言諾，有份量，是溫和而又嚴肅的人。但幫助別人，遇到棘手的事情時會逃避開來，很少發脾氣。

第294招 怎樣說服天魁坐命的人？

接招應答：要說服天魁坐命的人，要看是些什麼樣的事情。例如正派的、公理的、公義的問題，他一定會責無旁貸的去做，不需要說服，協商即可。邪惡的、自私的、鴨霸型的事情，找他只會被他指責，也不會替你隱瞞。因此要說服天魁坐命的人，最好自己本身就是行得正、坐得穩的人，自己先分析好，佔有多少道理，如此再去說服他，說話才會有份量。

怎樣與天鉞坐命的人過招

第295招

怎樣從外型特徵找出天鉞坐命的人？

接招應答：臉型是圓形帶方的臉型，下巴短（地閣小）臉上會有痣，性格仁慈，動作慢，喜歡幫助人，桃花重，異性緣佳，重情色。外表相貌佳，身材體型矮瘦、嬌小。

第296招

天鉞坐命的人有那些特殊性格？

接招應答：天鉞坐命的人，無論男女都有女性化，娘娘腔的特徵。性格溫和、正直、同情心泛濫，喜歡幫助別人，但是常答應後沒有去做，或是做了卻不願讓人知道，是善良又不會拒絕別人的人。他們常孤芳自賞，事實上，天鉞坐命的人，氣質都很好，喜歡打扮、撒嬌、愛出風頭、愛表現。常會被人追去同居，形成糊塗桃花。

第297招

天鉞坐命的人其內心思想模式為何?

接招應答：天鉞坐命的人，實際上類似小家碧玉型的人。他們愛漂亮、愛玩、談戀愛，把自己打扮得很可愛，但是就是不喜歡上進，努力讀書或做事。也常常做錯事。例如招蜂引蝶，或者是未婚懷孕。也可能因感情的問題影響自己一生。他們喜歡出風頭，但只限於追逐愛情而已，對自己的前程遠景很少會思考模繪出來。

第298招

天鉞坐命的人，其人生的價值觀為何?

接招應答：天鉞坐命的人，其實是有些懶惰而且愛享福的人，其人生的價值觀實在是以物質享受的多寡來論定的。其人也好色，桃花重、事業心不強。因此其人一生所追求的也不過是酒色財氣的價值觀罷了。

第299招

天鉞坐命的人所能接受反對意見的寬容度為何？

接招應答：天鉞坐命的人，溫和而富同情心，沒有特別剛直的性格。而其人性格常隨外界變化而適應。因此當反對意見遇到他時，實際上是絲毫不會受到阻礙的，他很能接受。其寬容度亦可能到了『人云亦云』的角度了。

第300招

天鉞坐命的人脾氣好壞及易爆點為何？

接招應答：天鉞坐命的人，常因性格太溫和，而好像沒脾氣，其實他們在性格上是有怪癖的，喜歡用撒嬌或打扮引起異性的注意，對男女情色問題特別關心，而且常委曲自己去贏合對方。性格像一個變形蟲一般。生氣時也只是一個悶聲不吭的悶葫蘆。

第301招 怎樣說服天鉞坐命的人？

接招應答：天鉞坐命的人，對異性有特別的興趣。你只要是和他性別相異的異性，就很能說服他了。他會打扮得很美麗等候你，勾引你，投懷送抱，一切聽從你的安排，因此不費吹灰之力，便能說服他。

怎樣與左輔坐命的人過招

第302招

怎樣從外型特徵找出左輔坐命的人？

接招應答：中高瘦型的身材、體形骨重肉輕、骨節清楚。臉型是圓長臉型或長圓帶方的臉型。年青時膚色較白。老年較黑。溫和、耿直、話少，態度穩重、隨和、人緣不錯。

第303招

左輔坐命的人有那些特殊性格？

接招應答：左輔坐命的人，性格溫和、穩重、人緣好、聰明、機智、有謀略，忠厚老實。幼年時代，與父母無緣，由別人帶大。因此很重感情，對朋友重義氣。在事業上也會因朋友的幫助而成功。左輔坐命的人多半早婚，然後又會有感情問題，而取細姨，普通都有雙妻命。因為他們較不會拒絕別人，又容易動感情、談戀愛的結果。命宮中有羊陀的人，容易意氣用事，而遭人利用，性格奸滑。

第304招

左輔坐命的人其內心思想模式為何？

接招應答：左輔坐命的人，容易感情用事，主要是因為幼年缺乏家庭溫暖的結果。他們常有性格溫和但不堅定的意志，幼年頭腦混沌，唸書常有重考、退學、休學的現象。長大後好一點，頭腦清楚一點，會擁有平輩的朋友幫助其事業。但是其用心常放在感情上面。婚外情很多，而且會同時出現兩個以上的情人。其內心的思想模式都是以『情』為重。朋友之情、男女之情等等。很難再開展大的視野。

第305招 左輔坐命的人，其人生的價值觀為何？

接招應答：左輔坐命的人，是重情重義的人，當然他也會愛錢、愛權勢、地位。但普通時候，權勢、地位他們都不容易摸到。而當情義和金錢受到考驗時，他們還是會以情義為重而放棄金錢的誘惑。是故，左輔坐命的人，其人生價值觀實在還是以情義為重的了。

第306招 左輔坐命的人所能接受反對意見的寬容度為何？

接招應答：左輔坐命的人，溫和耿直、穩重而隨和，朋友可隨便的提出反對意見，他也會替對方思考出計謀，增加反對意見的內容或實際效益，把反對意見增加可行性而確實可實行。他們是度量大、忠厚而人緣好的人。

第307招 左輔坐命的人脾氣好壞及易爆點為何？

接招應答：左輔坐命的人，脾氣很好、溫和、度量大、為人穩重、隨和。感覺不順利時會跑開躲起來，或者是悶聲不吭。他們平常也話不多。心情不好時則更沈默。

第308招 怎樣說服左輔坐命的人？

接招應答：左輔坐命的人，很重感情。很難拒絕別人對他善意的關懷。其實只要幾句好話，幾個貼心的動作，就可把左輔坐命的人收服了。因此要說服左輔坐命的人，以『情』攻之即可。他們在情感上幾乎沒有防線。

怎樣與右弼坐命的人過招

第309招

怎樣從外型特徵找出右弼坐命的人？

接招應答：中等略矮的身材、嬌小玲瓏。瘦型。臉上有痣或斑痕。臉型為小圓長型。小心謹慎，性格耿直，有謀略，外型長相不錯，較雞婆，有同情心，很喜歡幫助別人。講義氣。

第310招

右弼坐命的人有那些特殊性格？

接招應答：右弼坐命的人，也是幼年由別人帶大，小媽所生或者是過繼給別人的小孩，身世坎坷，因此特別重感情。

右弼坐命的人，通常是表面溫和、內心剛強而專制、霸道，喜歡形成小圈圈，對人熱心、雞婆，但只照顧他所認同的自己人。對自己人有同情心、講義氣。大致上來說他們仍是忠厚的人，但野心很大。命宮中有煞星或化忌相照時，其人思想混亂，拿不定主意，為人較險惡。

第311招

右弼坐命的人其內心思想模式為何？

接招應答：右弼坐命的人，通常都有專制霸道的思想，性格剛強、絕不妥協。常常又重『情』不重『理』，很多事情會讓別人看起來不合理，而他們卻要一心的偏袒，並運用自己的關係，硬要將之合理化。孩子氣很重、做人也不夠實在，桃花重，喜歡把男女關係政治化。野心很大。

第312招 右弼坐命的人，其人生的價值觀為何？

接招應答：右弼坐命的人，表面上是個重情重義、隨和又熱心的人。但是由於其人內心霸道、專制，很會巴結和利用有權勢和有地位的人。再用這些資源鞏固自己的權勢、地位。他們常在表面上表示對錢財不重視的感覺。其實其人內心的人生價值觀，實在是以『錢』在看人，以權勢、名位在衡量人，其重視名利的價值觀比任何人都重。

第313招 右弼坐命的人所能接受反對意見的寬容度為何？

接招應答：右弼坐命的人是表面隨和，又熱心的人，好像很好說話。但是他們最不能接受反對意見了。凡是與他們專制性格相違背的人或事，他一定堅持到底的把對方打敗，而且絕不留情。

第314招 右弼坐命的人脾氣好壞及易爆點為何？

接招應答：右弼坐命的人，表面上溫和、膽小、害羞、孩子脾氣，對自己喜歡的人百依百順，小鳥依人。但是你若得罪他，或讓他覺得你在情感上背叛的話，那就是脾氣爆躁，會大吵大鬧，完全不顧儀態和面子問題，也不講義氣和以前的交情了。完全變成另一個人，很讓人訝異，而且他們有報復心態，要與你玉石俱焚，一同完蛋！

第315招 怎樣說服右弼坐命的人？

接招應答：右弼坐命的人特別重感情，而且是以『情』來衡量事物，凡事剛強霸道，你只要像撫摸小鳥、小動物一樣，順著毛撫平他、溫柔多情的慢慢勸，即使是不成正理的事，他都會答應，而且袒護你。你若忽略了他專制的性格，先斬後奏，或是並不在意他的感覺或地位，那你很快會受到嚴重的打擊。一旦被他視為敵人的人，他會聯合別人一起對付你。真可說是小不忍則亂大謀了！

怎樣與擎羊坐命的人過招

第316招 怎樣從外型特徵找出擎羊坐命的人？

接招應答：中等身材，命宮在辰、戌、丑、未宮的人為壯碩的體型，胖胖的。而命宮在子、午、卯、酉宮的人，是矮小瘦弱的體型。他們的臉型都是較狹長、下巴尖或方較突出，下巴尖長，臉上多傷痕破相，或有斜眼、痲臉的狀況，尤其命宮居陷時，這些情況最明顯。命宮居旺時，因胖的關係，臉型會呈長圓型。外型上較好、破相的地方會被隱藏起來，皮膚也較平坦。

擎羊坐命的人，外表氣質剛毅果決，嚴肅權威有凶相。命宮居陷的人，獐頭鼠目，不為善類、善相。

第317招

擎羊坐命的人有那些特殊性格？

接招應答：擎羊坐命的人，性格剛強、霸道、為人固執、衝動、不講理，又愛與人計較。平常很敏感，常常由愛生恨，感情用事，而與別人起衝突。做事的速度很快，喜歡乾脆，不會拖拖拉拉。因此他們與人結怨時，很會記恨，也會立即報復。不過他倒是敢愛敢恨，恩怨分明的人。

第318招

擎羊坐命的人其內心思想模式為何？

接招應答：擎羊坐命的人，內心剛強，愛計較，常以自己為出發點，為人較自私自利。做人也親疏不分，常與自己周遭的親人、朋友起衝突。他們個性強悍，凡事都要佔上風，否則就會懷恨在心，立即在別的事上反應報復出來。他們平常做任何事都是勇往直前，一定要得到手才肯罷休。常常自以為是，絲毫不理會別人的勸導。

第319招

擎羊坐命的人，其人生的價值觀為何？

接招應答：擎羊坐命的人，性格強悍、愛計較、自私自利，凡事都愛爭強鬥狠。有權勢、名位可以爭的時候，他們就爭權奪利。有錢財可以爭時，他們也毫不放棄。一生在競爭中過日子。其人生價值觀就是以『爭奪』為主軸，以名利為輔的人生觀了。

第320招

擎羊坐命的人所能接受反對意見的寬容度為何？

接招應答：擎羊坐命的人，性格強悍、頑固、自以為是，一定要人照他的方法做事，毫不接受別人的意見，也沒有討價還價的餘地。為人衝動愛拼命，因此別人都很怕他，根本不敢提反對意見了。

第321招

擎羊坐命的人脾氣好壞及易爆點為何？

接招應答：擎羊坐命的人，脾氣很壞，又容易衝動，敏感而疑神疑鬼，常要比較、很害怕吃虧，記恨心又強，會立即報復，非常衝動的一個人。

第322招

怎樣說服擎羊坐命的人？

接招應答：擎羊坐命的人，平常情緒好的時候，還可講理，維持標準的禮貌。生起氣來時，便霸道不講理。凶起來時，敢殺人放火，什麼都敢做。因此你不能得罪他或激怒他，否則只會自食惡果。你只能用溫和的，平靜的態度去安撫他，在他情緒好，高興的時候多提起你以前對他的好處，讓他從內心裡對你生好感，再說出要說服他的事情，比較會成功。

怎樣與陀羅坐命的人過招

第323招

怎樣從外型特徵找出陀羅坐命的人？

接招應答：中等身材，命宮在辰、戌、丑、未的人，胖而粗壯。命宮在寅、申、巳、亥宮的人，身體矮瘦。通常他們都是圓方形的臉型，面頰寬、顴骨高、唇齒處會有斷劣受傷的情形，也有破相或身體傷殘的情形。鼻樑山根處低陷，小時候多傷災，手足傷災多。陀羅坐命的人，外表形粗、威猛。但心術不正，做事起起伏伏，常有努力不夠，功虧一簣的情形。

第324招

陀羅坐命的人有那些特殊性格？

接招應答：陀羅坐命的人，性格剛烈，頑固，一生多惹是非，從不服輸，性格奸滑，心術較不正。表面看起來威猛兇悍，有機謀，但是外虛內狠之人。常常想得多而實行能力不足，會有長期的自我精神折磨。他們比較喜歡相信剛認識的人，也不肯相信自己的親人，容易被外人所騙，然後又起報復之心。做事反覆進退，容易被人嫌東嫌西，常引起他們心中的不快而鬱悶。

第325招

陀羅坐命的人其內心思想模式為何？

接招應答：陀羅坐命的人，是內心剛強、頑固的人，凡事以自己為出發點來想事情，做人自私、心狠手辣。但是他們雖愛計較，所得到的東西常得不到，內心波折很大。

他們對任何人都有懷疑心，就連自家人也不相信，但很容易意相信剛認識的人。思想的方式很扭曲，不算是聰明的人。也常把事情愈弄愈糟，更添許多是非，一片混亂，結果自己也沒得到好處。

第326招

陀羅坐命的人，其人生的價值觀為何？

接招應答：陀羅坐命的人，愛計較，比較自私，其人心思詭異，常常想得到的東西不容易得到而心生怨憤。因金錢運常不順，因此其人生的價值觀還是以金錢的多寡來衡量別人與事物的。

第327招

陀羅坐命的人所能接受反對意見的寬容度為何？

接招應答：陀羅坐命的人，頑固而自以為是，常心術不正，不喜走正道。根本不願意接受別人的意見，更別說是反對意見了。他認定別人都是惡人，因此不與理會。對於剛認識的人，他反倒沒有這些顧慮，願意傾心以待，也能接受剛認識的人的意見，這是非常奇怪的事。

第328招

陀羅坐命的人脾氣好壞及易爆點為何？

接招應答：陀羅坐命的人，脾氣不好，容易暴怒。但平常他們是悶聲不吭的人，一但暴怒起來，會動粗、暴力行為很嚴重。平常時候他們都會有長期精神上的自我折磨。因此暴發激怒時，其實已經過長期醞釀了。

第329招

怎樣說服陀羅坐命的人？

接招應答：要說服陀羅坐命的人，其實並不容易，他們很頑固，自以為聰明，對所有的人懷疑、仇恨，平常又不太表達，很難知道他們心裡在想什麼。但是他們會相信初認識的人，這是一個弱點，你可以請一個他不認識的人，前去說服他，讓他在沒有戒心的狀況下，會很快的被說服。

陀羅坐命的人，也喜歡旁門左道的事情，關於這一類的說服反而特別容易。他更會自己找上門來要求參與。

怎樣與火星坐命的人過招

第330招

怎樣從外型特徵找出火星坐命的人？

接招應答：中等身材，命宮在寅、午、戌宮的人，身材壯碩、有健康美、古銅色的皮膚。命宮在巳、酉、丑宮的人，瘦型身材，膚色較黑。命宮在子、卯、辰、未、申、亥宮的人矮小瘦弱，有痳臉、破相、毛髮發紅等外型。臉上會有青青痘嚴重的痕跡、皮膚病、目疾，命宮對宮有巨門相照的人，臉上多痣及雀斑、斑痕、胎記。

火星坐命的人都是型粗、剛暴的人，做事快速，來去一陣風，潦草馬虎，有頭無尾，喜歡發財夢及不能腳踏實地。

第331招

火星坐命的人有那些特殊性格？

接招應答：火星坐命的人，性格剛硬，激烈，喜歡爭強鬥狠，急躁不安。做事果斷，他們喜愛辯論，個性外向，外型威武，記憶力好。常惹禍，是非不斷。一生因為偏財運強，很容易得財，發財夢一直是其追求的人生目標。

第332招

火星坐命的人其內心思想模式為何？

接招應答：火星坐命的人，雖然有時也會有陰狠的行為，但大致上他們人生的重心都在追求發財夢和偏財運上，他們喜歡賭博，不喜從正業，想藉由賭博，或賽馬，一切賭局的形式來達成富貴之格。思想上是一種急躁不安，事情過去了就忘，不喜歡回顧從前的人。比較現實，注重現況的賭局。

第333招

火星坐命的人，其人生的價值觀為何？

接招應答：火星坐命的人，都有一些偏財運，所以喜歡賭博、賭運氣。一生所追求的都是以金錢為中心的目標。其人生價值觀也以『錢財』來衡量成功的目標。

第334招

火星坐命的人所能接受反對意見的寬容度為何？

接招應答：火星坐命的人，性格剛強無比，你若是提供他賺錢或簽賭方法的意見，他會很高興的接受，並嚐試看看。你若勸他從正業，去做個上班族，不要再賭了，那他就會和你鬥起來了，一點也不能接受你的反對意見，而且會激怒他。

第335招

火星坐命的人脾氣好壞及易爆點為何？

接招應答：火星坐命的人，脾氣急躁很衝動，性情不太好，個性激烈，很容易暴發怒氣。但脾氣快發快過，還好，不太會記仇。一發脾氣就跑出去了，過一會兒就忘了。

第336招

怎樣說服火星坐命的人？

接招應答：火星坐命的人，只對賺錢和發財感興趣，他們事實上也具有很多偏財運。你若要說服他們，首重在『利』。但是他們常有些貪心，而且錢花掉得很快，馬上又會回頭再找你要第二個財運機會，讓你煩不勝煩。

怎樣與鈴星坐命的人過招

第337招

怎樣從外型特徵找出鈴星坐命的人？

接招應答：中等略矮瘦的體型。命宮在子、卯、辰、未、申、亥宮的人，矮小、瘦弱。他們都具有短方型腮骨突出的臉型，下頦多骨節，暴青筋，面型極為古怪。會有破相、麻臉、傷殘的現象，外表粗而低俗。性情有些孤僻，驕傲自大、不愛理人。

第338招

鈴星坐命的人有那些特殊性格？

接招應答：鈴星坐命的人，非常聰明，反應快，果斷而機智。頭腦較好，喜歡表現。內心急躁不安，心胸狹窄。他們常常不安現實，喜歡好大喜功，常惹禍事。通常鈴星坐命的人，性子烈，話少，性格內向，脾氣發得很慢，很會記恨，性格陰險。

第339招 鈴星坐命的人其內心思想模式為何？

接招應答：鈴星坐命的人，智商高，聰明、伶俐，自視也很高，喜歡表現，但是心胸狹窄，不願意看到別人比他強。因此他們會用一些陰險狡詐的方法，去陷害對手，並以此為樂。

鈴星坐命的人，也好賭，喜歡用賭來暴發財運，他們的偏財運比火星還強。因此也不喜歡把心思放在固定的工作上，他們的鬼主意多，對錢財賺取的方式不是很正派。

第340招

鈴星坐命的人，其人生的價值觀為何？

接招應答：鈴星坐命的人，其人古怪而精靈、聰明絕頂，他們縱使有再多陰險狡詐的方法，還是脫不了賭博和發財夢。最終的目的還是要賺大錢。總結來說，其人生價值觀還是以『金錢』為主。

第341招

鈴星坐命的人所能接受反對意見的寬容度為何？

接招應答：鈴星坐命的人，是個鬼靈精的人，往往會把對方的反對意見更改了，變成另一種方式來做，表面上他是接受了反對意見，但做出來的事都完全不一樣了。

第342招

鈴星坐命的人脾氣好壞及易爆點為何？

接招應答：鈴星坐命的人，情緒常變化，性情內向陰沈，是一個極端陰險的人。他們常能暫時忍耐，把脾氣慢慢展現，實際上他們很會記仇，內心是激烈狠毒的人，等到你見識到他的脾氣時，會讓你打冷顫。

第343招 怎樣說服鈴星坐命的人？

接招應答：鈴星坐命的人，古靈精怪，非常聰明，怪點子又多，並不是好說服的人，除非你比他聰明，或有更新奇的花招，其實他們非常難說服，況且他們對是非及道德感不重視，多走的是邪門歪道的行徑，也很難教化。他們唯一的弱點就是做了事常後悔。你若能抓住這個弱點，先讓他後悔了一次，接下來再提出對他的說服，就比較會成功了。

怎樣與地劫坐命的人過招

第344招

怎樣從外型特徵找出地劫坐命的人？

接招應答：臉型為菱形『申』字型臉型、額頭與下頦較窄。通常為矮胖的體型，也有枯瘦、矮小體型的人。膚色是黃裡帶青的顏色。情緒不穩定，喜歡標新立異，孤僻，不合群，性格頑劣。喜怒無常，是非很多。

第345招

地劫坐命的人有那些特殊性格？

接招應答：地劫坐命的人，性格孤僻頑劣，喜歡標新立異，或做一些吸引別人目光的動作。情緒常不穩定，喜怒無常，喜歡逗弄別人以自娛，頻惹是非。他們幻想多，不實在，有浪費的習性，自私自利，錢都要花在自己身上，開銷大，常入不敷出，而以借貸過日子。做事也沒有長性和定性，遊手好閒。

第346招

地劫坐命的人其內心思想模式為何？

接招應答：地劫坐命的人，對別人都有懷疑心，常疑神疑鬼的，以為天下人都和他一樣有邪惡的想法。他們的喜怒無常，把人際關係搞得很壞。別人都把他當做魔頭，不願接近他，以防招災。在這種情況下，他也知道別人心中的想法，而更變本加厲的使壞了。

第347招

地劫坐命的人，其人生的價值觀為何？

接招應答：地劫坐命的人，有浪費的習性、自私自利，開銷大，入不敷出，自己又遊手好閒，因此常常要找錢來花。能暴發財富，成為億萬富翁，就是他最想得到的事。因此錢很重要。其人生價值觀也是以『錢』做為衡量人、事、物的標準。

第348招 地劫坐命的人所能接受反對意見的寬容度為何？

接招應答：地劫坐命的人，對於搗蛋、使壞的意見很有興趣去接受。尤其是新潮的整人方式更是讓他急於去試一下。但是對於要他改過向善的反對意見則嗤之以鼻，根本不聽，而且會嘲笑你。

第349招 地劫坐命的人脾氣好壞及易爆點為何？

接招應答：地劫坐命的人，脾氣壞，不服管教。對於自己得不到的東西，常將之毀壞。也喜歡惹事生非去得到大家的重視。心胸狹窄，做了事常後悔，一生由自己引來的災禍就不少了。

第350招 怎樣說服地劫坐命的人？

接招應答：地劫坐命的人，喜歡標新立異，喜歡新穎的花招。你要說服他要用哄的，再配上新穎的花招，讓他感覺新奇而來跟隨你。但是他們的耐性差，情緒變化多，沒法子長時間的穩定，這是你必須注意的事。

怎樣與天空坐命的人過招

第351招

怎樣從外型特徵找出天空坐命的人？

接招應答：天空坐命的人都有身體瘦弱常生病的體質，身材中等瘦高。其臉型是圓長的臉型，五官常有被人一眼望去有模糊的印象。眼、鼻、嘴較小巧，眉毛清淡。做人也沒有中心思想，總是恍恍惚惚的好像在做夢一樣。個性孤獨，人緣欠佳，朋友很少。

第352招

天空坐命的人有那些特殊性格？

接招應答：天空坐命的人，沒有是非的觀念，凡事也無所謂，不會與人爭，也不會積極求上進。他們的性格孤獨不太與人交談。幻想多、不實際、喜歡想一些似是而非的事情。對錢沒有概念，對自己的事和週遭的事物都漠不關心。

第353招

天空坐命的人其內心思想模式為何？

接招應答：天空坐命的人，愛想一些虛無飄渺的事情，做事疏狂，毫不在乎別人的想法。他們是不懂人情世故，超然自處的人，沒有是非、道德的約束，只用自己的想法去構想一些事情，因此其內心思想的模式早已脫離了一般社會形態裡的價值觀。

第354招

天空坐命的人，其人生的價值觀為何？

接招應答：天空坐命的人，喜歡幻想一些不實際的事情。凡事是無為無爭的局面，對爭權奪利的事茫然無所知。其人生價值觀清高到不為人所瞭解，因此也說不上有什麼人生價值觀了。

第355招 天空坐命的人所能接受反對意見的寬容度為何？

接招應答：天空坐命的人，對於一切的意見都能接受，事實上他們是一付無所謂的生活方式，只活在自己的內心世界裡，一切的意見都影響不了他，因此既使有反對意見，他也不關心，故而也談不上接不接受了。

第356招 天空坐命的人脾氣好壞及易爆點為何？

接招應答：天空坐命的人，脾氣很溫和，他們很容易在自己夢境裡過活。若有人要牽著他走，他也很溫順，凡事都無所謂，沒有自己的中心思想和脾氣。

第357招 怎樣說服天空坐命的人？

接招應答：天空坐命的人，對所有的意見都能接受，他們不需要說服，你說什麼，他都好。既沒有主見，也不會有自私或反抗的態度，像這樣一個人，你還想很浪費口舌去說服他嗎？

命宮在酉，有陽梁相照的人，是聖賢級的貴人，此格為『萬里無雲』格，人格清高尊貴。幾乎是不食人間煙火了。你要以什麼題目去說服他呢？

實用紫微斗數精華篇

學了紫微斗數卻依然看不懂格局，
不瞭解星曜代表的意義，
不知道命程形局的走向，
人生的高峰時期在何時？
何時是發財增旺運的好時機？
考試、升職的機運在何時？
何時才會交到知心的好朋友？
姻緣在何時？未來的配偶是一個什麼樣的人？

一生到底能享多少福？成就有多高？
不管問題是你自己的，還是朋友的，
你都在這本書中找得到答案！
法雲居士將紫微斗數的精華從實用的角度
來解答你的迷惑，及解釋專有名詞，
讓你紫微斗數的功力大增，
並對每個命局瞭若指掌，如數家珍！

命理生活新智慧・叢書05

三分鐘算出紫微斗數

簡易排法及解說

你很想學紫微斗數，
但又怕看厚厚的書，
與艱深難懂的句子嗎？
你很想學紫微斗數，
但又怕繁複的排列程序嗎？
法雲居士將精心研究二十年
的紫微斗數，寫成這本書。

教你用最簡單的方法，
在三分鐘之內排出命盤，
並可立即觀看解說，
讓你在數分鐘之內，
就可明瞭自己一生的變化，
繼而進入紫微的世界裡，
從此紫微的書你都看得懂了
簡簡單單學紫微！

●金星出版●
…號6F之3
電話：(02)8940292．傳真：(02)8942014
郵撥：18912942 金星出版社帳戶

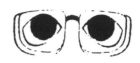

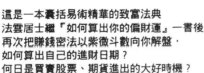

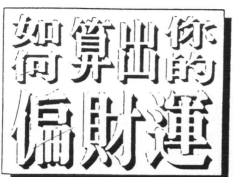

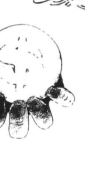

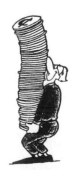

國家圖書館出版品預行編目資料

看人過招300回—紫微看人術／
法雲居士著，--臺北市：金星出版：
紅螞蟻總經銷，1998年7月 初版；
2017年6月再刷　面；公分—
（命理生活新智慧 叢書；19）

ISBN: 978-957-8270-00-8　（平裝）

1.命書

293.1

看人過招300回——紫微看人術

作　　者：法雲居士
發 行 人：袁光明
社　　長：袁靜石
編　　輯：王璟琪
總 經 理：袁玉成
出 版 者：金星出版社
社　地址：台北市南京東路 3 段 201 號 3 樓
電　電話：886-2-2362-6655
傳　FAX：886-2365-2425
郵政畫
總 經 銷：紅螞蟻圖書有限公司
地　　址：台北市內湖區舊宗路二段121巷19號
電　　話：(02)27953656(代表號)
網　　址：http://www.venusco555.com
電郵信箱：venusco555@163.com
venusco@pchome.com.tw
法雲居士網址：http://www.fayin777.com
電郵信箱：fayin777@163.com
fatevenus@yahoo.com.tw

版　　次：1998年7月 初版　　2017年6月再刷
登 記 證：行政院新聞局局版北市業字第653號
法律顧問：郭啟疆律師
定　　價：280 元

行政院新聞局局版北字業字第 653 號

ISBN : 978-957-8270-00-8 （平裝）

（因掛號郵資漲價，凡郵購五冊以上，九折優惠。本社負擔掛號寄書郵資。單冊及二、三、四冊郵購，恕無折扣，敬請諒察！）